本书受四川省教育厅科技项目"四川科研人员知识转移提升科技成果转化效果实证研究（项目编号：15SA0040）"、四川省科技厅项目"四川省高端装备制造业发展中的区域合作研究（项目编号：2015ZR0048）"资助。

ZHISHILIAN ZUZHI ZHIJIAN
FENGXIAN GUANLI YANJIU

知识链组织之间风险管理研究

杨翠兰 / 著

中国财经出版传媒集团

经济科学出版社

Economic Science Press

图书在版编目（CIP）数据

知识链组织之间风险管理研究/杨翠兰著. —北京：
经济科学出版社，2016.11

ISBN 978 - 7 - 5141 - 7520 - 2

Ⅰ.①知… Ⅱ.①杨… Ⅲ.①企业经营管理 - 知识
管理 - 风险管理 - 研究 Ⅳ.①F272.4

中国版本图书馆 CIP 数据核字（2016）第 294432 号

责任编辑：李　雪
责任校对：王肖楠
责任印制：邱　天

知识链组织之间风险管理研究

杨翠兰　著

经济科学出版社出版、发行　新华书店经销

社址：北京市海淀区阜成路甲 28 号　邮编：100142

总编部电话：010 - 88191217　发行部电话：010 - 88191522

网址：www. esp. com. cn

电子邮件：esp@ esp. com. cn

天猫网店：经济科学出版社旗舰店

网址：http：//jjkxcbs. tmall. com

北京汉德鼎印刷有限公司印刷

三河市华玉装订厂装订

710 × 1000　16 开　13.5 印张　200000 字

2016 年 12 月第 1 版　2016 年 12 月第 1 次印刷

ISBN 978 - 7 - 5141 - 7520 - 2　定价：48.00 元

（图书出现印装问题，本社负责调换。电话：010 - 88191510）

（版权所有　侵权必究　举报电话：010 - 88191586

电子邮箱：dbts@ esp. com. cn）

前　言

在当前的知识经济时代，组织在市场竞争中成功与否主要取决于它拥有的知识和运用知识的创新能力，取决于它是否善于进行知识管理。由于组织自身能够拥有和开发的知识是有限的，所以为了实现战略发展目标，就必须整合组织外部的知识，这样知识链也就应运而生了。所谓知识链，是指由两个或两个以上的拥有不同知识资源的组织构成，以实现知识转移、共享和创造为目的，通过知识在参与创新活动的不同组织之间流动而形成的链式结构。参与知识链的组织包括：核心企业（盟主）、大学、科研院所、供应商、经销商、客户甚至竞争对手。

作为一种合作组织，知识链不像其他非合作组织一样对自身的经营有较强的约束力；同时，随着竞争的加剧，知识链的范围越来越广，成员数量越来越多，彼此之间的关系越来越复杂；加之知识本身具有的复杂性、隐含性、模糊性、难以量化性等特征，知识链面临着众多风险，而如何有效地识别、评估与控制这些风险，以保证知识链的成功运作，成为一个迫切需要解决的问题。本书从知识链风险的定义、风险的识别、风险的评估、风险的处置和风险的监控五个方面对知识链风险进行了研究，建立了一套完整的知识链风险管理理论体系。在实践上，本书的研究可用于指导知识链风险管理问题，可为知识链风险管理问题的解决提供思路，有助于提高知识的合作效率和合作成功的概率。本书所做的工作及创新之处主要体现在以下五个方面。

（1）本书首先研究了知识链风险管理的含义和过程。笔者认为，知识链风险是指由知识链所处的外部环境的变化、单个成员组织自身特性、合作组织的特性和知识本身的特性等引起的、导致知识不能在知识链成员组织间有效流动、共享和创造，造成合作结果与知识链协议目标的偏差或知识链的中断或终止的风险。知识链风险管理主要包括知识链风险的识别、风险的评估、风险的处置和风险的监控四个阶段。风险处置又包括风险规避、风险自留、风险控制和风险转移四种措施，其中风险控制是本书研究的重点。

（2）本书研究了知识链风险的形成机理并识别了各种风险。作为一种以知识为纽带的合作组织，知识链风险产生的影响因素主要有四个方面：外部环境因素、由单个成员组织自身特性、一般合作组织的特性和知识本身的特性。其中，由外部环境因素引起的风险主要有：自然环境风险、法律环境风险、技术环境风险、经济环境风险、政治环境风险、社会文化环境风险、金融风险和市场风险八种；由单个成员组织自身特性引起的风险主要有：硬风险和软风险两种；由合作组织特性引起的风险主要有：机遇识别错误风险、背景差异风险、有限信息风险、丧失核心竞争力风险、道德风险、信任风险、契约修改风险、激励风险、解散风险和利益分配不均风险十种；由知识本身的特性引起的风险有：知识实时传播风险、知识转移能力风险、知识吸收能力风险和由知识难以化量化造成的风险四种。

（3）本书创新性的应用组合评价法对知识链风险作了评估。应用组合评价方法，对知识链中各种风险的重要性作定量评估，其中组合评价方法中包括了"风险矩阵法""SPSS 中多响应变量分析法""Borda 序值法"和"专家调查法"。在这一组合评价法中，首先应用改进后的专家调查法获得对各种风险发生的概率及其发生后对知识链造成的损失的大小的原始数据；然后，创新性地运用 SPSS 统计分析法对这些数据进行处理，以便使它们能更好地反映实际情况；接下来，通过已得出的各种风险发生的概率及其发生的损失计算出它们分别对知识链的影响程度；最后，用 Borda 序值法对影响程度进行处理，得出各种风险对知识链的相对重要性排序，以为知识链风险处置提供依据。

（4）本书对知识链风险的处置作了系统的研究。知识链风险处置包括风险规避、风险自留、风险控制和风险转移四种策略，其中风险控制是研究的重点。本书主要从九个方面对知识链风险控制进行研究：①基于"独立—集成管理厅"的知识链管理机构设置；②基于物元分析的知识链合作伙伴选择；③基于 n 重贝努力实验的知识链合作伙伴数量控制；④基于串、并联的知识链组织结构设计；⑤基于博弈论的知识链知识共享协议设计；⑥基于极大熵准则的知识链成员组织知识共享行为预估；⑦基于关键路径法的知识链风险管理重点确定；⑧基于交叉影响分析法的知识链成员利益分配；⑨基于全面风险管理理念的知识链风险管理。这九个方面的风险控制措施形成了一个完整的风险控制系统，能够有效地降低知识链风险。

（5）本书创新性地提出了知识链风险监控的措施。本书构建了基于"链媒体"的知识链风险监控平台，并指出该"链媒体"的成功运作需要聚合技术的支持。其中，"链媒体"是一种利用网络和信息技术，将文字、图像、音频和视频等知识载体在知识链范围内得以广泛共享的介质，"链媒体"是一种给予知识链所有成员极大参与空间的新型媒体。

杨翠兰

2016 年 10 月

目录

1

绪　　论

自 20 世纪 90 年代以来，人类步入了知识经济时代，如同工业经济时代使世界面貌发生巨变一样，知识经济的到来，将人类文明推向了一个新的阶段。知识已经取代工业经济时代的物质资本，成为推动社会发展的关键因素。随之而来的，组织之间的竞争不再是有形的物质资源的竞争，而是以知识资源为基础的无形资源的竞争。

同时，随着世界经济一体化的发展和全球性竞争的加剧，单个组织很难依靠自身的力量抗击来自全球范围内的、规模、实力不等的竞争者，也很难完全依靠自身力量完成越来越复杂的产品和服务来快速满足市场和顾客的需求。因此，单打独斗已不能适应当前的形势，组织必须与其他组织紧密合作，使不同组织间的知识资源得以有效地转移、共享，才能提高自身的适应能力和快速反应能力，赢得市场，知识链也就应运而生。

作为一种合作组织，知识链不像其他非合作组织一样对自身的经营有较强的约束力；同时，随着竞争的加剧，知识链的范围越来越广，成员数量越来越多，彼此之间的关系越来越复杂；加之知识本身具有的复杂性、隐含性、模糊性、难以量化性等特征，知识链面临着众多风险，如何有效地识别、评估与处置和监控这些风险，成为一个需要迫切解决的问题。

1.1 研 究 背 景

1.1.1 以知识为纽带的组织间合作成为必然

在不确定性日益增加的全球竞争时代，知识资本正取代其他资本成为影响组织竞争力的关键要素，成为组织运作的核心资源。人类逐渐进入了知识经济时代，知识成为经济和社会发展的最主要的驱动力，因此对知识的管理也成了管理活动的焦点。

组织要想获取一项知识成果，有直接开发或购买两种途径，直接开发有独自开发和合作开发两种方式。在独自开发的情况下，交易费用很低，甚至为零，但开发投入费用很高，同时要求有相当数量的知识员工；在通过市场购买的情况下，开发投入费用很低，但交易费用很高，特别是随着社会分工的细化，开发成果作为一种知识资产其专用性越来越强、适用范围越来越小，同时由于有些知识难以直接转移，为保证知识购买的顺利进行就必须采取更为复杂的交易协调方式，也就意味着更高的交易费用。合作开发同时发生开发费用和交易费用，但能实现合作者对开发资源的整合和信息的有效沟通，保证获取开发成果的总体费用降低。正如美国学者科格特（Kogut，1988）① 指出的，合作形式的出现，从根本上讲是节约费用，实现资源有效配置的要求和结果。

合作是一种有效的学习方式：一是不仅为合作伙伴提供了理论交流的机会，而且有机会验证这些理论交流结果在实践中是否可行；二

---

① Kogut B. Joint ventures: Theoretical and empirical perspectives [J]. Strategic Management Journal, 1988 (9): 319–332.

是为了保证目标的实现。合作各方会根据合作要求将自身具有的部分知识在合作成员间转移,实现知识共享;三是合作的目的是追求创造最新的知识,因而不仅提供了学习对方已有知识的机会,而且具有在实践中共同探索新知识的特点。通过在合作过程中学习,不仅提高了参与者个人的学识和智力,而且使群体智力得到提高,实现以较小的成本付出获得知识员工人力资本增加和组织能力增强。合作可以实现组织自身与其他组织的知识资源互补和共享,必然能使创造出的新知识成果超越组织依靠自身力量能够达到的水平,将组织的知识水平推向一个新的高度。

我国很多组织因为知识资源不足,限制了其进一步发展,而通过建立合作组织,可以利用合作伙伴的知识资源,特别是合作成员间的互动学习是提高知识创造能力的重要途径。合作可以提高新知识进入市场的速度,以适应现代技术的高度复杂性和产品生命周期的不断缩短。以知识为纽带的组织间合作成为必然,知识链也就应运而生。

1.1.2　知识链成员组织间的合作与知识链风险并存

理查德·斯皮内洛 (Richard A. Spinello, 1998)[①] 首次提出知识链的概念,此后,许多学者给出了知识链的概念。顾新、李久平和王维平 (2006)[②] 指出,知识链是指以企业为创新的核心主体,以实现知识共享和知识创造为目的,通过知识在参与创新活动的不同组织之间流动而形成的链式结构。知识链由拥有不同知识资源的组织构成,这些组织包括:核心企业 (盟主)、大学、科研院所、供应商、经销商、客户甚至竞争对手。知识链就是企业与供应商、客

---

① Richard A. Spinello. The Knowledge Chain [J]. Business Horizons, 1998, (11 - 12): 4 - 14.

② 顾新,李久平,王维成. 知识流动、知识链与知识链管理 [J]. 软科学, 2006, 20 (2): 10 - 12, 16.

户、大学、科研院所甚至竞争对手所建立的一种战略合作伙伴关系。

知识链主要有两种类型：一是组织内部的知识链；二是组织之间的知识链。随着知识链涉及范围的不断扩大，知识流动通常跨越组织边界，组织之间的知识合作越来越广泛。本书研究的对象是组织之间的知识链（后简称知识链），由于组织之间的合作可能具有的不确定性和知识的非实物性、难以度量性、复杂性、隐含性等特征，知识链面临很大的风险。有实证研究表明，只有不到50%的企业认为他们的合作取得了成功，这与高层管理人员的初衷相差甚远（周旭，陈国华，王研，2007）①。达钦、马黑特和莱维特斯（Dacin M. T.，Mahitt & Levitas，1997）② 在对900家合资企业开展的一项研究中发现，只有45%的企业实现了双赢的目标。雷特和李维科（Littler & Leverick，1995）③ 调研了100多家英国的信息技术与通信企业，研究结果表明，40%以上的企业认为在新产品开发中合作与独立开发相比是耗时的和复杂的，甚至是困难的。这些数据无一不显示知识链的发展正面临着严峻的挑战，尤其对于较高层次的、新生的知识链而言，其面临的挑战将更大、更多。知识链各成员组织必须努力寻求有效的措施以防范各种可能面临的风险，在获得预期收益的同时，尽可能减少损失。因此，如何识别、评估和防范知识链的风险成为知识链管理需要解决的重要问题。本课题便是在借鉴现有的其他合作组织风险研究成果的基础上，在深入分析知识自身特性的前提下，识别知识链中可能存在的各种风险，并对识别出的各种风险作定性和定量评估，从而提出有效的知识链风险防范措施，以期有效地降低知识链风险，促进知识链的成功运作。

---

① 周旭，陈国华，王妍. 供应链联盟合作效率与推进策略研究 [J]. 经济论坛，2007 (8)：89 - 92.

② Dacin M T, Mahitt, Levitas. Selecting Partners for Successful International alliance [J]. Journal of World Business, 1997, 32 (1)：321 - 345.

③ D Littler, F Leverick, M Bruce. Factors Affecting the Process of Collaborative Product Development [J]. Journal of Product Innovation Management, 1995, 12 (1)：16 - 31.

1.2 研究意义

知识链风险管理由风险识别、风险评估、风险处置和风险监控四个部分组成,风险识别是风险评估的前提、风险识别与评估是风险处置的依据,风险监控是对风险处置的反馈,有助于保证风险处置的有效性,他们在知识链风险管理中都有非常重要的作用。本书首先对知识链风险进行了一一识别;其次,对识别出的各种风险进行了量化评估,以了解他们对知识链的相对重要程度;接下来,提出了一系列的知识链风险控制措施,以有效地降低知识链风险,这也是本书的重点所在;最后,对知识链风险监控作了分析。本书具有一定的理论意义和实践意义,具体如下。

(1) 理论意义。本书在理论上探索适合知识风险识别、风险评估、风险处置和风险监控的理论与方法,并将理论和方法上的研究成果应用于知识链风险管理,建立了较为系统的知识链风险管理理论和方法体系,对知识链风险管理的发展和有效地降低知识链风险具有一定的理论意义。

(2) 实践意义。本书研究知识链风险识别、评估、处置和监控方法对各种性质的知识链的风险管理工作都具有一定的实践意义和应用价值,为参与知识链的各个组织有效地降低自己的风险提供了有效的方法论。

1.3 研究目标与内容

1.3.1 研究目标

本书首先识别了知识链中可能存在的各种风险,以期对知识链风险进行较为全面的管理；然后，对识别出的各种风险作了量化评估，得出他们对知识链的相对重要性的排序，以便对各种风险提出合理的处置措施；接下来，提出了一系列的风险控制措施，以期有效地降低知识链风险；最后，对风险监控作了阐述，以保证风险处置措施的有效性。总之，本书的最终目标是降低知识链风险，提高知识链成功运作的概率。

1.3.2　研究内容

本书研究的对象是知识链的风险管理，其中的知识链是指组织之间的知识链，该种知识链是一种合作组织。

（1）知识链风险管理的含义和过程。

笔者认为，知识链风险是指由知识链所处的外部环境的变化、成员组织自身特性、合作组织的特性和知识本身的特性等引起的、导致知识不能在知识链成员组织间有效流动、共享和创造，造成合作结果与知识链协议目标的偏差或知识链的中断或终止的风险。

知识链风险管理主要包括知识链风险的识别、风险的评估、风险的处置和风险的监控四个阶段。风险处置又包括风险规避、风险自留、风险控制和风险转移四种措施，其中风险控制是本书研究的重点。

（2）知识链风险的形成机理。

作为一种以知识为纽带的合作组织，知识链风险产生的影响因素主要有四个方面：外部环境因素、成员组织自身特性、一般合作组织的特性和知识本身的特性。对知识链风险产生的影响因素进行分析，主要是为了更好地识别各种风险。

（3）知识链风险的识别。

本书通过分析得出，由外部环境因素引起的风险主要有：自然环境风险、法律环境风险、技术环境风险、经济环境风险、政治环境风险、社会文化环境风险、金融风险和市场风险八种；由成员组织自身特性引起的风险有硬风险和软风险两种；由合作组织特性引起的风险主要有：机遇识别错误风险、背景差异风险、有限信息风险、丧失核心竞争力风险、道德风险、信任风险、契约修改风险、激励风险、解散风险和利益分配不均风险十种；由知识本身的特性引起的风险有：知识实时传播风险、知识转移能力风险、知识吸收能力风险和由知识难以化量化造成的风险四种。

（4）知识链风险评估。

应用组合评价方法，对知识链中各种风险的重要性作定量评估，其中组合评价方法中包括了"风险矩阵法""SPSS 中多响应变量分析法""Borda 序值法"和"问卷调查法"。在这一组合评价法中，首先应用专家调查法获得对各种风险发生的概率及其发生后对知识链造成的损失的大小的原始数据；然后，用 SPSS 统计分析法对这些数据进行处理，以便使它们能更好地反映实际情况；接下来，通过已得出的各种风险发生的概率及其发生的损失计算出它们分别对知识链的影响程度；最后，用 Borda 序值法对影响程度进行处理，得出各种风险对知识链的相对重要性排序，以为知识链风险处置提供依据。

（5）知识链风险的处置。

本书主要从知识链风险规避、风险自留、风险控制和风险转移四个方面探讨对知识链风险的处置。其中，风险控制是研究的重点。知识链风险防范主要从以下九个方面着手研究：基于"独立—集成管理厅"的知识链管理机构设置、基于物元分析的知识链合作伙伴选择、基于 n 重贝努力实验的知识链合作伙伴数量控制、基于串—并联的知识链组织结构设计、基于博弈论的知识链知识共享协议设计、基于极大熵准则的知识链成员组织知识共享行为预估、基于关键路径法的知识链风险管理重点确定、基于交叉影响分析法的知识链成员利益分配、基于全面风险管理理念的知识链风险管理。这九个方面的风险控制措施形成了一个完整的风险控制系统，能够有效地降低知识链风险。

（6）知识链风险监控。

本书构建了基于"链媒体"的知识链风险监控平台，并指出该"链媒体"的成功运作需要聚合技术的支持。其中，"链媒体"是一种利用网络和信息技术，将文字、图像、音频和视频等知识载体在知识链范围内得以广泛共享的介质，"链媒体"是一种给予知识链所有成员极大参与空间的新型媒体。

1.4 研究方法、创新点和思路

1.4.1 研究方法

本书在对知识链风险进行研究过程中，非常注意多种研究方法的综合应用和对风险的系统控制，以期获得较好的研究效果。目前，国内外尚没有文献对知识链风险进行研究，所以本书的研究是在一个新领域上的尝试，并同时提出了一些新的概念和新的风险管理方法。本书采用了博弈论、概率论、统计分析、比较研究、组合分析、建立概念模型等多种研究方法，以期得出理想的研究成果。

（1）比较分析法的综合应用。在知识链风险识别时，本书首先分析了像供应链、战略联盟、虚拟企业等其他合作组织中存在的风险。再通过比较知识链和其他合作组织的异同，识别出知识链中可能存在的各种风险。

（2）组合评价方法的创新应用。在知识链风险评估中，本书首先运用专家调查法得出各种风险发生的概率和可能的损失的原始数据，然后应用 SPSS 统计分析法对这些数据作了处理；最后应用 Borda 序值法对各种风险对知识链的相对重要程度作了排序。

（3）概念模型建立法。如"独立—集成管理厅"的概念、"知识巢"的概念、"链媒体"的概念等，以便更好地进行知识链风险管理研究。

（4）与其他学科的有效结合法。本书结合博弈论的知识，对知识链成员的知识共享行为作了分析，并提出了相应的风险控制措施；结合运筹学的知识，运用关键路径法，找出了知识链中的风险控制重点；结合概率论的知识，运用 n 重贝努力试验，指出了知识链成员数量的合理控制；运用三角模糊数法，计算出了知识链成员的利益分配比例；运用串联、并联的相关知识，给出了知识链组织结构的合理设计。

（5）实证研究法。为提供定量分析所需数据，作者赴绵阳中国工程物理研究院、西南科技大学等进行实地调研，收集相关数据，并对这些数据进行整理，分析知识链中存在的各种风险。

（6）文献研究法。虽然前人对于知识链风险研究很少，甚至没有。但笔者大量阅读了关于风险管理和其他合作组织，如供应链、战略联盟和虚拟企业的风险研究，借鉴了前人的相关研究成果。

1.4.2 创新点

（1）研究发现了知识链中固有的方向性，并结合这一特性，设计了"多重关键路径叠加法"。该方法可以高效地找出在知识链中发挥关键作用的成员组织，从而确定知识链风险控制的核心对象。

（2）提出了修正量化评估中原始数据的理念，构造了提高原始数据客观性的具体方法。在专家调查法中，由于不同专家所拥有的知识背景和对待事物的态度存在差异，他们针对特定问题的首判往往会存在较大的不确定性。本书设计了" n 思加权法"来收集原始数据，再利用 SPSS 工具对原始数据进行处理，使得评估结论更加真实、可靠。

（3）通过增加辅助单元和辅助关系，构建了工整的"串—并联"和"并—串联"知识链模型，并结合可靠性理论中串联和并联的相关知识，从知识链整体的角度，指出了对知识链合作形式进行优化的方向。

（4）首次提出了建立"非利益相关体（独立—集成管理厅）"管理知识链风险的思想和建立"有机知识共享平台（链媒体）"监控知识链风险的思想。

（5）全过程、多角度地构建了知识链风险管理体系。从不同角度识别了各种风险，设计和应用了多种方法对风险进行评估，提出了知识链从构建到解散全过程的九大风险控制措施，给出了具体的风险监控方法。

1.4.3 研究思路

本书共由 8 章组成，第 1 章阐述本书研究的背景、意义、方法和创新点；第 2 章对相关文献作了综述；第 3 章界定什么是知识链、知识链风险以及知识链风险管理，并分析了知识链风险的特征和影响因素；第 4 章运用合适的工具识别知识链中可能存在的各种风险，并作了——枚举和分析；第 5 章对识别出的各种风险做出定量评估，计算出它们对于知识链的相对重要程度，为下一步的风险处置作准备；第 6 章研究了知识链风险的控制措施；第 7 章研究了知识链风险的监控；第 8 章对知识链风险管理做了总结。

本书的研究思路具体如图 1 - 1 所示。

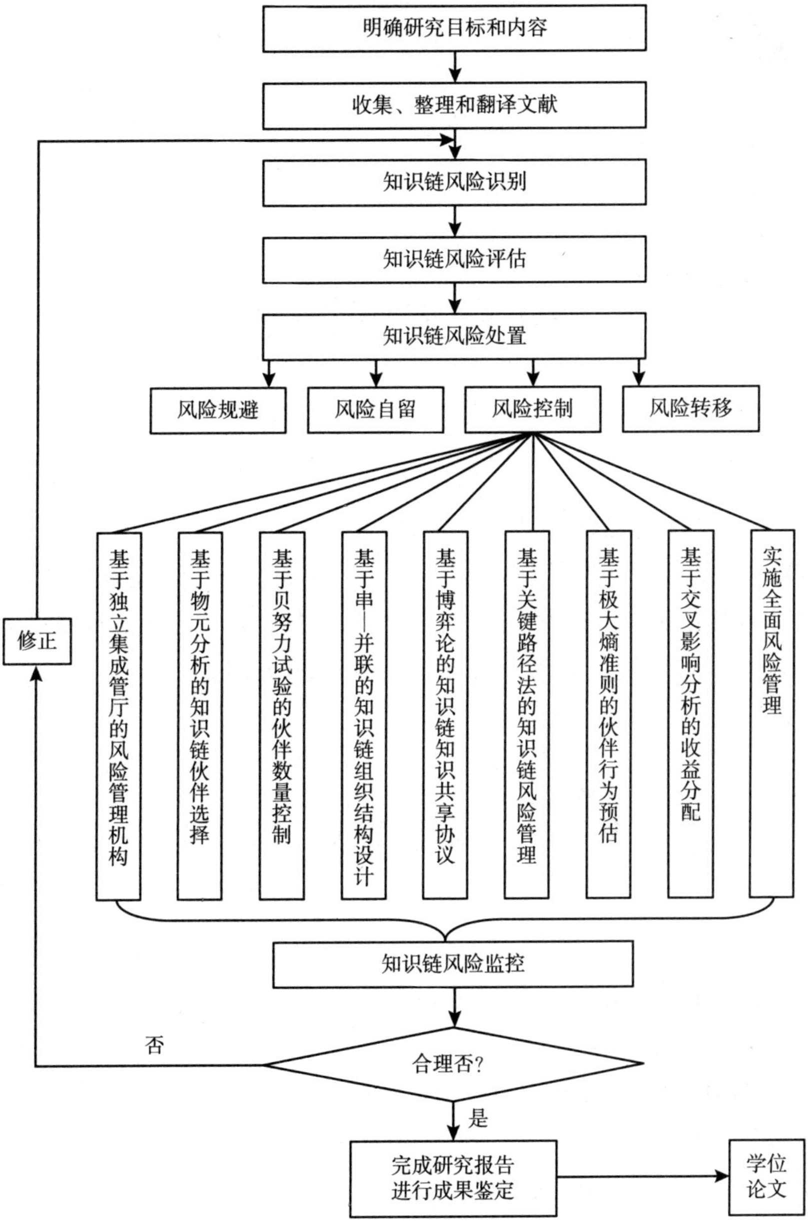

明确研究目标和内容

收集、整理和翻译文献

知识链风险识别

知识链风险评估

知识链风险处置

风险规避　风险自留　风险控制　风险转移

修正

基于独立集成管厅的风险管理机构
基于物元分析的知识链伙伴选择
基于贝努力试验的伙伴数量控制
基于串—并联的知识链组织结构设计
基于博弈论的知识链知识共享协议
基于关键路径法的知识链风险管理
基于极大熵准则的伙伴行为预估
基于交叉影响分析的收益分配
实施全面风险管理

知识链风险监控

否　　合理否？　是

完成研究报告进行成果鉴定　→　学位论文

图 1-1　本书技术路线

2

相关文献综述

由于本书的题目是"知识链组织间风险管理研究"，因此现状部分首先回顾了"风险管理方法"；然后，分析了"合作组织间风险控制"的研究现状，其中，这些合作组织包括：虚拟企业、战略联盟、供应链和知识链；最后，对知识链及其相关问题的研究现状作了阐述。

2.1 风险管理研究现状

2.1.1 风险

目前国内外学术界对风险的概念有多种解释和规定，概括起来主要是（易海燕，2004）[①]：

（1）风险是来源于不确定性；

（2）风险是指可能造成的损失；

---

① 易海燕. 供应链风险管理与控制研究 ［D］. 西安：西安交通大学，2004.

（3）风险是指可能发生某一种负面结果的概率；

（4）风险是对某一条件下，将来可能出现的结果的担心；

（5）风险是指损失可能的变化范围。

克鲁日（Kolluru R. V.）等①认为，定义风险应该包含三个步骤：

（1）通过认识一个组织的目标和受到威胁的资源来定义"有害"；

（2）认识那些能够威胁资源价值的事件；

（3）度量影响的严重程度。

按内容组成，以上风险概念又可归结为两个大类：一类只关注一个方面的内容：即风险发生的可能性；另一类则同时关注两个方面的内容：即风险发生的可能性和风险发生后可能产生的影响。同时，风险发生后可能产生的影响又可以分为两类：一类是将可能产生的正面影响和负面影响都作为风险；另一类则只是将可能产生的负面影响作为风险，而不把正面影响作为风险。②③

本书研究的知识链风险包含两个方面：风险事件发生的概率和发生后可能造成的影响，且本书研究的是风险事件对知识链造成的负面影响。

风险主要具有以下四种特性。④

（1）风险事件的随机性。风险事件的发生及其产生的后果都具有随机性。风险事件会不会发生，什么时候发生，发生之后会造成什么后果都是不确定的。人类通过长期的观察发现，很多事件的发生都遵循一定的规律，这就是随机性。风险事件也具有随机性。

（2）风险的相对性。风险总是相对某一主体而言的。同一种类的风险对于不同的主体的影响是不同的。组织对于风险事件都应有一定

① 郭伟. 基于 SCOR 的汽车供应链风险识别模型实证研究 [D]. 杭州：浙江大学，2008.

② 马林. 基于 SCOR 模型的供应链风险识别、评估与一体化管理研究 [D]. 杭州：浙江大学，2005.

③ 曹文钊. 跨国公司在华 R&D 项目风险管理研究 [D]. 长沙：国防科技大学，2007.

④ 黄震海. 供应链文化风险的定义、特征、消极影响与防范 [J]. 改革与战略，2010，26（1）：55-57.

的承受能力，但是这种能力因组织和时间的不同而不同。

（3）风险的可变性。知识链所面临的风险不是一成不变的。形成风险的因素是不断变化的，使得知识链面临的风险也在不断改变，这主要包括：风险性质的变化、风险后果的变化和出现新的风险。所以知识链风险管理是一项长期的坚持不懈的任务。

（4）风险的双重性。风险既具有客观性又具有主观性。风险的客观性表现在风险是一种客观现象，很多风险的发生是不以人的意志为转移的。主观性表现在不同的主观判断对未来可能发生的风险事件持不同的看法，有的认为一点都没有风险，有的则认为风险非常大，这样，必然导致不同的行动方案，使所从事的活动在一定时期内由于主观判断的不确定而处于特定的风险状态中。所以，风险是主客观因素的结合，具有主观和客观的双重属性。

2.1.2 风险管理

有关风险管理的研究现状，具体如下。

（1）风险管理思想。朱启超、陈英武、匡兴华（2005）① 指出风险管理的思想是把项目管理的全部活动划分为若干过程模块或管理模块，在模块的界面处集中分析并定位风险因子及其特征，既着眼于回答项目风险是什么，又力图回答风险将在项目的哪个部位发生，从而对项目内外部风险进行更为清晰准确的可视化把握。王晓燕（2006）② 指出企业扩展风险管理（EWRM）是 20 世纪 90 年代提出的企业风险管理新思想。它是服务于企业战略的新的风险管理方法和理念，它要求企业风险管理在高层管理者与风险管理信息系统的支持下通过从高层到基层每位员工的全方位参与，采用系统的管理方法，

---

① 朱启超，陈英武，匡兴华. 复杂项目界面风险管理模型研究［J］. 科研管理，2005，26（6）：149－156.

② 王晓燕. EWRM 体系的应用及其对我国企业风险管理的启示［J］. 商业经济，2006（1）：11－2.

区别企业的具体情况，制定出相应的风险管理措施，从而解决企业的风险管理问题。EWRM 首先引入了一套共同语言，便于企业的内部及对外沟通；其次，提供了用于汇总风险度量结果和相关信息的统一报告体系；再次，通过一系列系统性的风险识别方法使管理层树立信心；最后，通过风险的汇总减少风险控制成本。高善生、唐青生（2006）[①] 指出企业战略风险管理是对财务和竞争优势、长期和短期、内部和整体风险进行的全面管理。战略风险管理需要更多地从企业战略层面来考虑，系统而全面地提供了管理这些风险的更连贯、更有效的过程，其目标并不是完全消除风险，而是通过风险管理来系统了解风险（它自身的风险和其他竞争者的风险）。阿瑞斯（Aris，2010）[②]认为风险管理是在组织整体目标框架内寻找评估和解决风险的方法。

（2）风险管理过程。哈瑞特和聂哈斯（Harrington S. E. & Niehaus G. R. ，1999）[③] 认为风险管理过程一般包括五个循环步骤：第一步，风险管理目标的设定。需要注意的是，该目标不应该与组织的整体目标有所抵触，两者应该相互统一、互为补充。第二步，风险识别。运用多种方法找出组织中可能存在的各种风险并对他们作一一阐述。第三步，风险评估。应用相关知识，确定各种风险对于组织整体风险的相对重要程度，即对各种风险做出定量评估。第四步，风险处置。风险处置通常包括四种措施，即：风险规避、风险自留、风险控制和风险转移。第五步，风险监控。对风险管理措施进行评估与改进，以保证风险管理的高效性。卢新元、张金隆、陈涛（2006）[④] 根据风险管理理论体系，把风险管理过程划分为风险识别、风险分析、风险计

① 高善生，唐青生. 对企业构建风险领先为核心的战略风险管理模式的探讨 [J]. 云南财贸学院学报，2006，22（1）：9 – 13.

② Aris S B. Risk management in public expenditure management and service delivery in Malaysia [D]. University of Birmingham，2010.

③ Harrington S. E. ，Niehaus G. R. . Risk Management and Insrance [M]. McGraw-Hill，1999.

④ 卢新元，张金隆，陈涛. 企业信息化及风险管理实证分析与研究 [J]. 科研管理，2006，27（5）：77 – 86.

划、风险跟踪和风险控制五个步骤。刘超、付金梅（2009）[1] 和杨萍、杨美红、郭莹、王筠（2009）[2] 指出风险管理的步骤不是运行一次就结束，而是一个持续的、循环的过程，是一个不断发现问题、解决问题的过程。

（3）风险管理方法。陈涛、千峰（2005）[3] 指出人们经过总结归纳、演绎推理等手段，形成了确认计量风险的一些解决方法，这些解决方法既有定性的，也有定量的。定性方法在风险确认和计量居于宏观指导地位，它主要运用于风险确认和计量的始终两端，即在起始时采集原始数据，在终结阶段对用定量方法加工完成的初步结果进行分析、组合进一步得出较为完整、系统的结论，以及如何用这些结论指导实践，其常用的方法有专家问询法、德尔菲法、综合判断法、邮寄调查法、用户期望值法等；定量方法居于风险确认和计量的微观层面，解决风险确认和计量的具体问题，主要是完成对原始数据的加工、处理上，它一般是利用概率论与数理统计、模糊数学、运筹学、计量经济学等数学工具建立的模型来对原始数据进行加工。

胡宣达、沈厚才（2001）[4] 指出定性的风险管理方法有专家调查法、德尔菲法、综合判断法、邮寄调查法、用户期望值法等；定量的风险管理的数学方法很多，应用于风险管理不同的阶段。1992 年英国里丁大学教授斯美斯特（S. J. Simister）就风险管理的数学方法及其应用情况，对英国项目管理者协会的 37 名会员单位做了调查，结果如表 2 - 1 所示。

① 刘超，付金梅. 电子银行风险管理过程：中国与欧美国家比较分析的视角 [J]. 生产力研究，2009 (22)：161 - 163.

② 杨萍，杨美红，郭莹，王筠. 中小软件企业项目风险管理过程的分析与研究 [J]. 计算机与数字工程，2009 (3)：97 - 100.

③ 陈涛，千峰. 浅析从定性到定量进行风险管理的步骤 [J]. 商业研究，2005 (320)：18 - 21.

④ 胡宣达，沈厚才. 风险管理学基础——数理方法 [M]. 南京：东南大学出版社，2001.

表 2 - 1   风险管理数学方法应用情况调查

技术种类	A（%）	B（%）	C（%）	D（%）
核查表	76	—	8	4
CIM 模型	8	—	48	32
决策树	44	—	48	—
模糊数学	—	—	64	24
影响图	28	—	48	12
蒙特卡罗模拟	72	4	16	—
多目标决策	24	—	36	28
敏感性分析	60	4	20	8
效用理论	4	—	48	36

注：A—经常使用；B—过去使用，但现在已不再使用；C—知道该技术，但不用；D—还未听说过

　　表 2 - 1 说明了目前风险管理的数学方法较多，且核查表、蒙特卡罗模拟、敏感性分析等应用较为广泛。计算机技术的发展为风险管理技术的应用和发展提供了有力的支持。对表 2 - 1 中的许多数学方法，目前均有相应的计算机软件，使得这些方法在工程上的广泛应用成为可能。如蒙特卡罗模拟，这种方法从技术角度看十分简单，但仅在高速计算机的支持下，它才有生命力，才有应用价值。传统风险管理的数学方法也在不断改进和提高，新的风险管理技术也开始得到应用。

　　高峰、陈英武（2006）[①] 提出了一体化持续风险管理方法，该方法对风险识别、风险评估、风险处置和风险监督等风险管理步骤进行了集成和重组，形成了一个新的风险设计单元，构成了新的风险管理循环。

　　华特（Waters，2011）[②] 依据概率—影响矩阵提出八种风险应对

---

　　① 高峰，陈英武. 工业研发项目的一体化持续风险管理方法 [J]. 工业工程，2006，9（1）：5 - 8.

　　② Waters D. Supply chain risk management：vulnerability and resilience in logistics [M]. London，ElK：Kogan Page Publishers，2011.

策略，即忽视或接受风险；降低风险出现的概率；减少或限制风险产生的影响；转移、分担或偏离风险；制定应急方案；适应风险；采取反制措施；转换环境。

本书对知识链风险管理的研究，主要包括知识链风险的识别、风险评估、风险处置和风险监控四大模块。同时，因为知识链所面临的环境是不断变化的，知识链本身充满了不确定性，知识链风险也具有高度的不确定性。因此，笔者认为对知识链风险地管理也应该持续不断地进行。

同时，本书的知识链风险管理综合应用了定性方法和定量方法，并且对这些方法作了有效的组合，构造了定性与定量相结合的组合评价方法。

2.2　合作组织间风险管理研究现状

目前，尽管国内外对知识链风险管理的研究较少，但知识链作为一种合作形式，其风险与供应链、战略联盟和虚拟企业等合作组织的风险有一定的相似性，而国内外对这些合作组织的风险研究已取得相当进展，笔者便对这些合作组织的风险研究现状作一阐述，以作为知识链风险管理的有效借鉴。

2.2.1　供应链风险管理研究现状

党夏宁（2003）[①] 指出供应链虽然弥补了企业、市场的一些不足，但供应链作为一种合作组织，自身存在众多风险。我们在使用供应链这种新型的组织形式的同时，也应该加强对它自身风险的识别、评估与控制。张齐刚（2001）[②] 通过对1999年发生在台湾的大地震

---

① 党夏宁. 供应链风险因素的分析与防范 [J]. 管理现代化, 2003 (6): 45 - 48.
② 张齐刚. 浅谈供应链管理的风险规避问题 [J]. 科技与管理, 2001 (3): 75 - 76.

和 2000 年发生在美国的一家供应商厂房失火两个突发事件的对比分析，明确指出了对供应链风险进行管理的重要性。史亮（2008）① 从供应链概念再认识入手，系统分析了供应链安全运营的影响因素，进而证明能否加强对供应链风险的认识和防范，是关系到供应链和其中的所有成员企业生死存亡的大问题。目前，对于供应链风险管理的研究，主要集中在以下五个方面。

（1）供应链风险产生的影响因素。宁钟（2004）② 对可能对供应链风险产生影响的方方面面作了较为深入的分析，认为供应链的众多风险主要来源于它自身的复杂性；同时，给出了一些防范供应链风险的定性措施与方法。库克海伦和盖斯特蒂（Cucchiella F. & Gastaldi M.，2006）③ 通过构建一个理论框架，分析了由于资源的不确定性给供应链带来的风险，并用 Matlab 软件对外部资源对风险的影响进行了测试。高登兹（Gaudenzi B.，2006）④ 运用层次分析法对供应链风险影响因素进行了识别，并指出在风险管理过程中，管理人员起着非常重要的作用。刘冬林、周惠（2007）⑤ 指出供应链风险产生的根源在于其复杂性、不确定性、利益冲突、权责不清和惰性；提出了供应链风险的均衡管理思想，并建立了以风险、成本、报酬以及客户服务水平为变量的供应链风险管理均衡模型。这一模型对解决多目标冲突，降低供应链风险具有实际意义。费奥等（Pfohl，2010）⑥ 指出供应链

① 史亮. 供应链安全运营浅析 [J]. 商场现代化，2008（1）：201.

② 宁钟. 供应链脆弱性的影响因素及其管理原则 [J]. 中国流通经济，2004（4）：13 – 16.

③ Cucchiella F & Gastaldi M. Risk management in supply chain: a real option approach [J]. Journal of Manufacturing Technology Management，2006，17（6）：700 – 720.

④ Gaudenzi B. Managing risks in the supply chain using the AHP method [J]. International Journal of Logistics Management，2006，17（1）：114 – 136.

⑤ 刘冬林，周惠. 供应链风险产生的根源及均衡模型 [J]. 武汉理工大学学报，2007，29（4）：128 – 131.

⑥ Pfohl H, Kfihler H, Thomas D. State of the art in supply chain risk management research: empirical and conceptual findings and a roadmap for the implementation in practice [J]. Logistics Research，2010，2（1）：33 – 44.

风险是由物流、信息流和资金流以及其他社会和制度因素所引起的，对单个企业或整个供应接网络产生负面影响的，涉及顾客价值、成本、时间和质量等方面的事件。

总的来说，供应链风险产生的影响因素主要有供应链的复杂性、不确定性、供应链成员间的利益冲突、权责不清和惰性、资源的有限性和供应链管理人员能力的局限性等。

（2）供应链风险的识别。李晓英、陈维阵（2003）① 指出供应链中存在众多风险，如管理风险、系统风险、市场风险和信息风险等，并对这些风险作了一定的分析。同时，他们指出，供应链风险管理应首先识别出各种风险，然后再提出具有针对性的风险控制措施。斯蒂圣（Zsidisin G，2000）② 指出在任何一个从事制造业的企业中都存在供应链风险，并对各种供应链风险做了一一枚举，如：供应商的经营风险、供应商的生产力风险、供应产品的质量风险、外部生产技术变化的风险、产品设计不适宜风险和各种自然灾害风险。韩东东、施国洪、马汉武（2002）③ 和丁伟东、刘凯、贺国先（2003）④ 指出由于成员数量众多，组织结构复杂，供应链中有连锁反应风险。连锁反应风险不仅会在短期内对供应链的所有成员组织产生不利影响，同时还可能在短期内将该不利影响放大，因此应该对这种风险严格防范。同时，他们还给出了一些定性的风险防范措施。李辉、孙宝文（2003）⑤ 通过对供应链所处环境的分析，指出供应链中存在电子商

---

① 李晓英，陈维政. 供应链风险形成机理研究 [J]. 中国流通经济，2003（9）：10－13.

② Zsidisin G. A. , Ellram L. M. , and Ogden J. A. The Relationship Between Purchasing and Supply Managements Perceived Value Perceived in Supplier Management Activities [J]. Journal of Business Logistics，2003，24（2）：129－154.

③ 韩东东，施国洪，马汉武. 供应链管理中的风险防范 [J]. 工业工程，2002，5（3）：37－41.

④ 丁伟东，刘凯，贺国先. 供应链风险研究 [J]. 中国安全科学学报，2003，13（4）：64－66.

⑤ 李辉，孙宝文. 信息技术条件下供应链商务风险及其管理 [J]. 财贸经济，2003（10）：63－68.

务风险，并提出了相应的风险管理方法。瑞纳斯歌（Ratnasingam P.，2006）① 指出基于电子商务的供应链中存在四种风险：技术风险、组织风险、实施风险和关系风险，构建了一个解决这四种风险的概念模型，并通过实证对这一模型作了验证。韩景丰、章建新（2006）② 指出供应链存在外部环境风险、系统风险、关系风险、物流风险、资金流风险、信息流风险和知识流风险，并提出了风险控制的对策，即扫描外部环境、构建风险管理文化、供应链再造。晚春东、齐二石、索君莉（2007）③ 将供应链风险总结为系统风险、供应风险、物流风险、信息风险、财务风险、管理风险、需求风险和环境风险。并指出这些风险相互影响、互为根源。非线性叠加将会放大供应链风险水平。张以彬、陈俊芳（2008）④ 指出一个供应链系统主要由供应商、内部供应链和零售商组成，在内生变量和外生变量的影响下产生中断和延迟两种结果。他们应用因果分析法和分层分析法，从供应中断、供应延迟、协调中断、协调延迟、需求中断和需求延迟六个方面识别了供应链风险。彭小龙（2011）⑤ 结合六西格玛管理方法，提出了一个基于 FMEA 的识别和评估供应链风险的具操作性的框架。首先基于 SCOR8.0（供应链运营参考模型 8.0 版本）对供应链流程进行分析，运用德尔菲法识别了 SCOR 第三层（流程分解层）的失效模式、失效后果、失效原因。然后提出运用 AHP（层次分析法）对失效后果的严重度进行评估，取代传统的 FMEA 所用的 10 点法。最后依照 FMEA

① Ratnasingam P. Perceived risks in supply chain management [J]. Journal of Internet Commerce, 2006, 5 (4): 105 – 128.

② 韩景丰，章建新. 供应链风险的系统性识别与控制研究 [J]. 商业研究，2006 (20): 44 – 48.

③ 晚春东，齐二石，索君莉. 供应链风险产生根源的理论分析 [J]. 天津大学学报（社会科学版），2007，9 (6): 491 – 495.

④ 张以彬，陈俊芳. 供应链的风险识别框架及其柔性控制策略 [J]. 工业工程与管理，2008，1: 46 – 51.

⑤ 彭小龙. 基于 FMEA 的供应链风险识别和评估 [J]. 中国市场，2011 (2): 94 – 96.

步骤计算供应链的风险度。傅亮等（2012）① 将供应链风险分为内生风险和外生风险两大类。其中，内生风险包括道德风险、信息风险、技术风险和企业差异风险；外生风险包括市场风险和环境风险。陈等（2013）② 研究了供应商协作——供应风险、内部协作——加工风险和顾客协作——需求风险以及三类风险和供应链绩效之间的关系。研究表明，只有供应风险对供应链绩效没有影响，而其余两种风险均对供应链绩效产生负面影响。张净（2015）③ 以风险因素和风险事件之间的关联关系为切入点，提出基于关联规则挖掘的供应链风险识别的方法，建立了基于关联规则挖掘方法的供应链风险识别模型，通过仿真实例，验证了模型方法的有效性。

总的来说，供应链风险主要有：环境风险、市场风险、系统风险、经营风险、组织风险、管理风险、技术风险、关系风险、资金风险、信息风险等。

（3）供应链风险评估方法与模型。供应链风险评估方法和模型已经较为成熟，具体有：

①未确知理论法。肖美丹、李从东、张瑜耿（2007）④ 首先用未确知理论计算出风险发生的概率，然后用模糊数学求出风险发生后的损失，最后计算出整个供应链的风险水平。

②风险矩阵法。刘俊娥等（2007）⑤ 指出可以用风险矩阵对供应链风险进行评估，并给出了评估过程。基于风险矩阵的供应链风险评估方法体系主要由风险矩阵设计、风险等级的确定、风险因素重要性

---

① 傅亮，赵鸿，李蓬实. 供应链风险识别及其对策分析 [J]. 物流技术，2012，31 (5)：192 – 193.

② Chen J, Sohal A S, Prajogo D I. Supply chain operational risk mitigation: a collaborative approach [J]. International Journal of Production Research, 2013, 51 (7): 2186 – 2199.

③ 张净. 基于关联规则挖掘的供应链风险识别 [J]. 生产力研究，2015 (4)：134 – 135.

④ 肖美丹，李从东，张瑜耿. 基于未确知模糊理论的供应链风险评估 [J]. 软科学，2007，21 (5)：27 – 30.

⑤ 刘俊娥等. 风险矩阵的供应链风险评价 [J]. 统计与决策，2007 (4)：151 – 152.

排序、指标重要性权重的确定、总体风险水平评价五个部分所构成，最终可以得出对各种风险重要性的排序。

③多级模糊综合评价法。耿雪霏、刘凯、王德占（2007）[①] 采用多级模糊综合评价法对供应链风险作了评估。他们认为，供应链是从供应商的供应商到客户的客户组成的一个复杂的系统，供应链中的众多风险隶属于不同的级别，如果从不同的层级对供应链的风险进行评估，更有利于提高评估的准确性和适用性。他们提出的评价方法共由四步组成。首先，对第四级的风险进行综合评判。评价具体单个风险的大小；其次，根据风险在每个环节的相对重要程度，评价第三级、第二级中的风险；最后，按最大隶属原则确定供应链风险级别。同时，采用该方法对风险进行评估的还有杨文、杨涛、李志（2006）[②]、杨华、汪贤裕（2007）[③]。吴天魁等（2014）[④] 提出了基于贝叶斯网络的供应链风险模糊综合评判方法，以某企业供应链风险为例，通过构建供应链失效风险的贝叶斯网络对风险事件发生概率进行线性推理，再采用模糊综合评判方法求出供应链风险中主要风险事件及总风险事件的风险等级，为该企业及早调控供应链提供依据。

④人工神经网络法。蒋有凌、杨家其、尹靓、杨俊（2008）[⑤] 建立了一个基于模糊综合评判与人工神经网络法的综合评估模型，对供应链的风险等级作了相应的评估。通过评估，可以得出供应链整体的风险值，然后和标准相比对，得知供应链的风险水平是处于高级、中级还是低级。

① 耿雪霏，刘凯，王德占. 供应链风险的模糊综合评价 ［J］. 物流技术，2007，26（8）：164 – 167.

② 杨文，杨涛，李志. 供应链风险管理下供应商的选择 ［J］. 兰州交通大学学报（自然科学版），2006，25（1）：128 – 130.

③ 杨华，汪贤裕. 供应链风险系统研究 ［J］. 软科学，2007，21（6）：15 – 18.

④ 吴天魁，王波，顾基发，周晓辉. 基于贝叶斯网络的供应链险模糊综合评判 ［J］. 经济数学，2014（2）：89 – 96.

⑤ 蒋有凌等. 基于 ANN 的供应链风险综合评估模型与应用 ［J］. 武汉理工大学学报，2008，32（1）：70 – 73.

⑤三角模糊数法与熵权法。李莉（2008）[①] 也对供应链整的风险水平做了研究，他构建了基于三解模糊数和熵权法的供应链风险评估模型，从而计算出供应链整体的可靠度。他的创新点在于应用三角数对专家调查的结果作了处理。

⑥FMECA 分析方法。张进发（2009）[②] 指出可以将 FMECA 分析方法应用于对知识链风险的管理。FMECA 是失效模式效应与严重度分析（Failure Mode Effects and Criticality Analysis）的简称。失效模式效应与严重度分析主要是用来探讨系统内每个组件各种可能发生的失效因素，并分析其造成失效的概率以及发生失效后的危害性等状况，进而提出适当的防止或改善措施以杜绝失效发生的一种分析技术。FMECA 分析中常用的风险衡量因子为风险优先数（Risk Priofitv Numb，RPN）。RPN 由三项指标相乘构成，分别是发生度、严重度以及侦测度，即风险优先数（RPN）：发生度评分×严重度评分×侦测度评分。同时，张进发认为，企业对于风险事件发生后的掌握能力也相当重要。客观的风险事件强度，可能会因为不同的风险掌控度，使得最后的结果大相径庭。因此，他建议采用四个因子衡量风险事件，分别为"发生度""影响程度""侦测程度"以及"控制程度"，而风险优先数可以定义为：RPN =（发生可能性×影响程度×侦测程度）/控制程度。

⑦佩特里网络法。唐斯和阿尔番（Tuncel & Alpan，2010）[③] 用佩特里网络对供应链风险建模并研究了各种类型风险对网络冲击所产生的影响及缓解方案。

---

① 李莉. 基于模糊熵的集群式供应链风险评估模型 [J]. 科技管理研究，2008（6）：485 – 487.

② 张进发. FMECA 方法在供应链风险管理中的应用研究 [J]. 物流技术，2009，28（3）：117 – 118.

③ Tuncel G, Alpan G. Risk assessment and management for supply chain networks: A case study [J]. Computers in Industry, 2010, 61 (3): 250 – 259.

⑧变权可拓物元法。钟昌宝（2012）[①] 将可拓理论与变权理论相结合，建立一种供应链风险水平评价方法——变权可拓物元法；并应用该方法对康缘供应链的风险水平进行实证。

⑨风险偏好法。顾玉磊等（2013）[②] 将风险偏好因子作为影响因素引入模型，构建考虑成员企业风险偏好的多元供应链风险评估模型，进而计算某一时期内成员企业的风险变化值和整个供应链面临的综合风险变化值。

（4）针对单个风险的供应链风险控制。目前，这类研究较多，主要有：

①供应链网络的风险控制。哈雷克斯等（Hallikas，2004）[③] 对供应链网络风险作了一定的分析，给出了防范网络风险的一些具体的建议和措施，并指出了合作对供应链风险的影响。

②采购风险控制。塞特兹（Smeltzer，1998）[④] 认为供应链风险管理等同于采购管理。他们分别从交易成本理论和资源依赖理论两个方面对供应链采购管理作了较为深入的研究，并给出了一些控制采购风险的具体措施。

③库存风险控制。安格瑞瓦等（Agrawal V.，2000）[⑤] 从库存的角度对供应链风险管理作了分析。他们首先构造了两个不同的单周期风险厌恶型库存模型，并研究了价格的变化和风险厌恶程度对两个库存模型的最优定货量的影响。

[①] 钟昌宝. 一种供应链风险评价方法——变权可拓物元法［J］. 科技管理研究，2012（3）：31 – 34.

[②] 顾玉磊，张圣忠，吴群琪. 基于成员企业偏好的供应链风险评估模型［J］. 科技管理研究，2013（2）：195 – 198.

[③] Hallikas J.，Karvonenb I.，pulkkinenb U.，Virolainen V. M.. Risk management processes in supplier networks［J］. Production Economics，2004，（90）：47 – 5.

[④] Smeltzer L. R.，Siferd S. P.，Proactive Supply Management：The Management of Risk［J］. International Journal of Purchasing and Material Management，1998，34（1）：38 – 45.

[⑤] Agrawal V.，Seshadri S.. Risk Intermediation in Supply Chains［J］. IIE Transactions，2000，32：819 – 831.

④利益分配风险控制。杜鹏（2002）① 首先分析了可能对供应链风险产生影响的众多因素，并给出了可能降低供应链风险的一些定性措施；其次，利用团队理论，他构建了一个供应链利益分配模型；最后，他指出可以利用团体惩罚措施来降低供应链成员组织吃大锅饭的现象，从而在一定程度上降低供应链风险。朱敏茹、汪贤裕（2008）② 讨论了在制造商占主导地位的供应链中，应用公平熵来测度供应链的利益分配是否公平。通常，公平熵越大，就表明分配越公平。

⑤回购风险控制。肖玉明、汪贤裕（2009）③ 指出为了协调供应链的发展，供销双方常常签订回购契约，在销售商的边际成本随产量递增的情况下，供销应该采用边际成本加成定价的方法确定批发价，并允许销售商将未卖出的货物全部退货。同时，汪贤裕、肖玉明（2009）④ 还讨论了基于返回策略的供应链风险分担问题，指出风险在供应商和销售商之间的分担情况由回购折价和回购比例决定。

⑥合作伙伴选择风险的控制。张欢、汪贤裕（2008）⑤ 讨论了在以制造商为中心的包括供应商、制造商和销售商的三级供应链中，制造商形成联盟的顺序对供应链的影响。分析结果指出，当制造商先与较强势的供应商联盟，之后再与销售商联盟时收益最大。

⑦政治、汇率风险控制。约翰逊（Johnson, M. E., 2001）⑥ 探讨了供应链所面临的政治风险和汇率风险，并指出应通过在多个不同

---

① 杜鹏．供应链风险及分配模型［J］．内蒙古科技与经济，2002（3）：52-53．

② 朱敏茹，汪贤裕．公平熵下制造商占主导地位的利润分配研究［J］．统计与决策，2008（13）：46-47．

③ 肖玉明，汪贤裕．边际成本递增情况下供应链的协调研究［J］．系统工程学报，2009，24（1）：95-98．

④ 汪贤裕，肖玉明．基于返回策略与风险分担的供应链协调分析［J］．管理科学学报，2009，12（3）：65-70．

⑤ 张欢，汪贤裕．供应链联盟中合作伙伴联盟顺序的博弈分析［J］．统计与决策，2008（22）：46-48．

⑥ Johnson, M., E.. Learning form toys: lessons in managing supply chain risk from the toy Industry［J］. California Management Review, 2001: 45-49.

国家建厂、业务外包、实施许可证协议和基于生产扩张的产品多样化战略来规避这两种风险。

⑧环境、结构、信息风险的控制。楚扬杰、王先甲、方德斌、吴秀君（2006）[①] 首先阐述了供应链风险产生的根源；其次，指出了供应链中存在环境风险、结构风险和信息风险；最后，指出可以用数据挖掘技术对结构风险和环境风险进行预防，可以用激励措施有效地降低信息风险。

⑨风险传递性控制。马丽、张光明、李平（2007）[②] 分析了供应链风险传递的机制和路径，提出了四种措施来控制供应链风险的传递：一是利用现代信息和通讯手段管理供应链；二是合理控制"三流"，保证链条畅通；三是择优选择合作伙伴，减少风险隐患；四是寻找传递路径，进行针对性控制。程国平、刘勤（2009）[③] 建立了供应链风险传导路径的定性模型，指出风险的传导主要受企业相关度的大小、企业抗风险能力的大小和企业风险承受能力的大小影响，并且分析了传导过程中各种风险之间耦合效应发生的条件及其带来的风险大小的变化。

⑩宏观环境风险的控制。李莉、徐君、彭其渊（2008）[④] 界定了集群式供应链的概念，即集群式供应链不仅包括上游供应商，中间制造商和下游销售商，而且还包括一些为供应链系统提供协助作用的辅助机构，如：政府部门、金融机构、中介机构、行业协会、高校科研院所等，这些机构和组织与上下游企业融合渗透在一起形成了一个具有强大生命力的网络价值链系统。并分别针对政府子系统、金融子系统等提出了风险控制措施。

---

① 楚扬杰，王先甲，方德斌，吴秀君．供应链风险预警与防范机制研究 [J]．科技与管理，2006（4）：65 – 66.
② 马丽，张光明，李平．供应链风险的传递机制与传递路径研究 [J]．科技情报开发与经济，2007，17（31）：8 – 9.
③ 程国平，刘勤．供应链风险传导路径变化研究 [J]．价值工程，2009（4）：1 – 3.
④ 李莉，徐君，彭其渊．集群式供应链风险系统的设计及控制机理研究 [J]．科技管理研究，2008（1）：245 – 247.

（5）针对供应链整体的风险控制。具体有：

①定性措施。许志端（2003）① 分析了供应链中存在的风险因素，识别出供应链中存在的七种风险，并用统计分析方法分析一些公开披露的案例，对这七种风险作了评估，并就此提出了一些全面的、系统的风险控制方法。金等（Jin MH，2007）② 从时间维度、逻辑维度和知识维度，构建"建筑供应链总体风险管理系统"。赖芨宇、蒋靖、郑建国（2008）③ 枚举了供应链的各种风险，如外部风险和内部风险，并提出了供应链风险防范的措施，即建立灵活的信息共享机制；建立多供应商的供应链体系；对供应商进行跟踪评估；建立柔性管理；采用先进信息技术和制定风险应急体系等。刘伯超（2009）④ 分析了供应链风险的特征，并探寻了供应链风险的定性防范措施。罗森保（Rosenbaum，B.，2001）⑤ 首先，对供应链中可能存在的每一种风险作了一定的阐述；其次，他指出，随着新型商业模式的到来，供应链关系模型也将发生很大的变化，为了适应不断变化的外部商业环境，应建立具有高度弹性的供应链，以降低供应链风险。简法瑞（Jaafari A.，2001）⑥ 首先分析了在建筑行业供应链中可能存在的供给与需求方面的风险；其次，他指出，为了降低建筑行业的供应链风险，提高建筑行业的供应链管理水平，应该设计一种标准的、统一的风险语言，以便提高成员组织间的沟通效果，实时发现并管理风险。

---

① 许志端. 供应链战略联盟中的风险因素分析 [J]. 科研管理，2003，24（4）：127 – 132.

② Jin MH，Wang YW，Chi Z. Research on establishment of construction supply chain risk management system [A]. Proceedings of 2007 International Conference on Construction and Real Estate Management，2007（1）：747 – 750.

③ 赖芨宇，蒋靖，郑建国. 供应链风险控制策略 [J]. 东华大学学报（社会科学版），2008，8（1）：10 – 14.

④ 刘伯超. 供应链风险特征与防范措施分析 [J]. 商场现代化，2009（1）：83 – 84.

⑤ Rosenbaum B. . The Technology-enabled Supply Chain Network [J]. Industrial Management，2001，43（6）：6 – 10.

⑥ Jaafari A. ，Management of risk，uncertainties and opportunities on projects：time for a fundamental shift [J]. International journal of Project Management，2001，19（2）.

宁钟、戴俊俊（2005）① 指出为了应对当前瞬息万变的外部环境和市场，应该在供应链中引入期权技术。赖芨宇、郑建（2007）② 提出了基于数据仓库的供应链风险管理。其中，数据仓库是一个面向主题的、集成的数据集合。通过与数据挖掘等支持技术的结合，提供强大的辅助管理与决策能力。数据仓库可以实现对与供应链风险相关的数据与信息的收集、汇总、分析与辅助决策，有利于提高供应链风险管理的效率与效果。毛太田、刘蓉（2015）③ 从外部环境及内部因素等方面分析我国零售连锁企业实施供应链管理所面对的风险与困难，并提出相应的风险防范方法与控制措施。

②构建风险预警体系。胡玉涛（2004）④ 应用系统工程方法构建了一个供应链风险预警体系。首先，对供应链进行系统分析，讨论了产生供应链风险的原因；其次，在系统分析的基础构建了供应链风险预警体系拓扑结构，同时对各组成部分进行了说明；再次，对供应链风险预警体系和供应链风险预警辅助决策支持系统中的模型部分进行了重点阐述，并运用人工神经网络技术完成模型的构建，然后利用Matlab 工具实现模型仿真；最后，介绍供应链风险预警体系运转工作流程以及实施办法。肖玉明、汪贤裕（2008）⑤ 探讨了基于熵理论的供应链稳定性预警分析，指出供应链系统的熵值应控制在一个合理的范围之内。赖芨宇、郑建国（2007）⑥ 从定量研究的角度出发，对供应链风险识别、控制、优化及发展趋势作对比分析研究；结合企业营

---

① 宁钟，戴俊俊. 期权在供应链风险管理中的应用［J］. 系统工程理论与实践，2005，（7）：49–54.

② 赖芨宇，郑建. 供应链风险量化分析与优化控制［J］. 东北大学学报（自然科学版），2007，33（2）：158–162.

③ 毛太田，刘蓉. 连锁零售企业供应链风险控制策略研究［J］. 物流工程与管理，2015，37（1）：133–136.

④ 胡玉涛. 供应链风险预警体系研究［D］. 武汉：武汉理工大学，2004.

⑤ 肖玉明，汪贤裕. 基于熵权理论的供应链稳定性预警分析［J］. 管理工程学报，2008，22（3）：57–63.

⑥ 赖芨宇，郑建国. 供应链风险量化分析与优化控制［J］. 东华大学学报，2007，33（2）：158–161.

运管理的实际问题，提出了基于数据仓库的风险预警、控制与决策优化模型，为风险预警决策提供了有效的量化分析依据。高堪罗珊等（Gaonkar Roshan，2007）[1] 提出了两种基于规划的风险预警模型。一种是一个简单的整数二次方程式优化模型；另一种是一个简单混合整数规划最优化模型。

③构建最优决策模型。南哥尼（Nagurney A. et al.，2004）[2] 构造了一个定量模型，该模型包括了供应链的所有参与者，并对这一模型进行了优化，以推导出风险最小时的一些条件。马克等（Mark，2007）[3] 针对多阶段的全球供应链网络中的问题提出了一个随机模型，该模型综合考虑了一系列的相关风险，并应用 Moreau-Yosida 规则，总结出解决这些问题的法则。高恩凯（Gaonkar R. S.，2007）[4] 对供应链风险管理问题进行分类并提出了解决这些问题的办法。他认为风险管理应从三个层次着手：战略层、操作层和战术层。同时，高恩凯还构建了两个模型，一个用来降低伙伴选择的成本，另一个用来降低风险发生后给企业带来的影响。朱丽（2012）[5] 以供应链中最普遍同时也是影响最广泛的需求不确定性因素为研究对象，并根据需求的不确定性特点，利用鲁棒优化方法，通过建立相应的鲁棒优化模型以及对模型的相关问题的分析，研究供应链风险管理中的风险分担和风险偏好控制问题。

④利用信息技术。杨红芬、吕安洪、李淇（2002）[6] 指出供应链

① Gaonkar Roshan S., Viswanadham N. Analytical framework for the management of risk in supply chains [J]. IEEE Transactions on Automation Science and Engineering, 2007, 4 (2): 265 –273.

② Nagurney A., Cruz J., et al. Supply chain networks, electronic commerce and sopplyside and demand side risk [J]. European Journal of Operational Research, 2004 (64): 120 –142.

③ Goh Mark Lim, Joseph Y. S.. A stochastic model for risk management in global supply chain networks [J]. European Journal of Operational Research, 2007, 182 (1): 164 –173.

④ Gaonkar R. S.. Analytical framework for the management of risk in supply chains [J]. IEEE Transactions on Automation Science and Engineering, 2007, 4 (2): 265 –273.

⑤ 朱丽. 基于风险控制的供应链鲁棒优化问题研究 [D]. 天津理工大学, 2012.

⑥ 杨红芬, 吕安洪, 李淇. 供应链管理中的信息风险及对策 [J]. 北京工商大学学报（社会哲学版）. 2002, 17 (3): 44 –47.

中有一种很重要的风险，即信息风险，并对该风险作了分析；最后，给出了降低信息风险的对策：即大力提高供应链成员组织间信息共享程度，降低牛鞭效应的影响，提升供应链整体的风险应对能力。刘庆广、施国洪[1]（2009）对基于多 Agent 的供应链风险管理做了一定的探讨。他们指出，Agent 是一种具有自主性、社会性和能动性的人—机结合体。多 Agent 系统是由几个拥有不同信息和能力的模块（Agent）构成，他们分别完成各自的使命。如专家 Agent、数据 Agent、方法 Agent 和监督 Agent 等。席元凯（2009）[2] 在基于 Agent 相关理论基础上，将 Agent 的智能技术应用到供应链风险管理中，建立了基于多 Agent 系统的供应链风险管理模型。

⑤开发面向流程的供应链风险管理系统。程庆章、张志清（2009）[3] 论述了基于 GSCF 的供应链风险管理思想。GSCF 是一种面向流程的供应链风险管理模型，它主要包括客户管理、需求管理、采购管理、生产管理、供应管理、产品管理和退货管理七个方面的内容。唐卫宁、徐福缘（2008）[4] 和刘桢云、胡振邦（2009）[5] 也对基于流程的供应链管理（SCOR）作了相应的论述。

2.2.2 战略联盟风险管理研究现状

目前，对于战略联盟风险管理的研究，主要集中在以下四个方面。

① 刘庆广，施国洪. 基于多 Agent 的供应链风险评价决策支持系统研究 [J]. 中国管理信息化，2009，12（17）：93 - 97.

② 席元凯. 基于多 Agent 的供应链风险管理 [J]. 物流科技，2009（3）：107 - 109.

③ 程庆章，张志清. 基于 GSCF 框架的供应链风险管理 [J]. 物流工程与管理，2009，31（11）：60 - 61.

④ 唐卫宁，徐福缘. 基于 HWME 和 SCOR 的供应链风险管理 [J]. 科技管理研究，2008（7）：263 - 265.

⑤ 刘桢云，胡振邦. 基于 SCOR 模型的供应链风险识别与评估研究 [J]. 科技物流，2009（3）：110 - 113.

（1）战略联盟风险的影响因素。战略联盟风险的影响因素很多，主要有：

①信任和控制。戴斯等（Das, T., 2001）① 提出了一个战略联盟风险综合模型。他们认为，对联盟风险来说，信任和控制是两个关键因素，并给出了几种降低风险的办法。玛莎奥等（Marshall R., 2005）② 研究了战略联盟中信任的建立和知识的共享，他们指出主要有两个因素影响战略联盟中知识的共享：一是获得知识的能力；二是联盟中学习的动机。同时指出联盟成员间的信任是获取知识的一个重要因素。因此，想使知识在联盟中流通，首先要保证联盟伙伴间的相互信任。瓦特·安利斯等（Watts Allison D, 2007）③ 指出，在技术联盟中，合作伙伴根据合作契约对联盟做出贡献，并根据彼此的信任程度，控制贡献的大小。同时也指出，了解影响合作伙伴贡献大小的原因，并据此调整自己的行为，可以有效地降低联盟的风险。

②联盟的类型。陈费斯等（Chen Fisher, 2003）④ 对国际航空系统中相似性联盟和互补性联盟的载客能力建立了一个理论模型。他们指出，随着全球网络的不断扩张，相似联盟不能提供像互补性联盟那么多的座位。指出应该进一步研究战略联盟中像伙伴选择、成本节约、供应协调三个方面的问题。

③合作伙伴的选择。王学彬（2004）⑤ 指出要通过慎重选择战略

① Das T. K. Teng, Bing-Sheng. Trust, Control and Risk in Strategic Alliances: An Integrated Framework [J]. Organization Studies, 2001, 22 (2): 251-283.

② Marshall R., Scott Nguyen, Thang V Bryant, Scott E. A dynamic model of trust development and knowledge sharing in strategic alliances [J]. Journal of General Management, 2005, 31 (1): 41-57.

③ Watts Allison, Hamilton Robert. Excessive resource control and strategic alliance failure [J]. International Journal of Technology Intelligence and Planning, 2007, 3 (2): 157-173.

④ Chen Fisher Chia-Yu, Chen, Chialin. The effects of strategic alliances and risk pooling on the load factors of international airline operations [J]. Transportation Research, 2003, 39 (1): 19-34.

⑤ 王学彬. 企业战略联盟风险及其防范 [J]. 商丘职业技术学院学报, 2004, 3 (1): 10-12.

联盟伙伴，建立有效的运作机制等策略来防范战略联盟风险。

④知识共享的程度。李兴国、王磊、厉珍珍（2005）[①] 通过对企业建立知识联盟的原因、影响知识联盟内知识分享的四个要素（战略动机、信任、组织文化和联盟形式）及中国 TD-SCDMA 知识型联盟实现有效知识分享的分析，阐明了这四个要素对知识联盟内知识分享的重要影响。汉姆斯等（Khamseh H. M，2007）[②] 对如何识别和划分战略联盟中影响知识传播的因素做了研究。首先，他们回顾了与战略联盟中知识传播相关的文献；其次，指出了识别影响联盟中知识传播因素的重要性；最后，对这些因素进行了分类：与知识特性相关的因素、与吸收能力相关的因素、与成员的相互行为相关的因素、与联盟的属性与形式相关因素。

⑤文化。配克·杨（Paik，Yongsun，2005）[③] 评估了战略联盟中可能存在的风险，它指出，联盟企业间文化的不同和联盟企业自身经验的不足给联盟带来了很大的风险。通过实证分析，他给出风险、控制和信任三者之间的关系，同时，还给出一些处理风险的办法。

（2）战略联盟风险的识别。戴斯等（1999）[④] 指出战略联盟中存在众多风险，其中包括关系风险、执行风险、合作伙伴的选择、联盟的结构风险、联盟运作风险和绩效评估风险等。戴斯（2004）[⑤] 以时间和风险为坐标，构建了一个在战略联盟中伙伴企业可能采取机会主

① 李兴国，王磊，厉珍珍. 影响知识联盟内部知识分享的要素研究 [J]. 情报杂志，2005（4）：20 - 22.

② Khamseh H. M. , Jolly D. R. . Identifying and classifying the determinant factors of knowledge transfer in strategic alliances [J]. Technology Management for the Global Future，2007（23）：148 - 156.

③ Paik Yongsun. Risk management of strategic alliances and acquisitions between western MNCs and companies in central Europe [J]. Thunderbird International Business Review，2005，47（4）：489 - 511.

④ Das，T. K，Bing-Sheng Teng. Managing risks in strategic alliances [J]. Academy of Management Executive，1999，13（4）：50 - 62.

⑤ Das T. K. Time-span and risk of partner opportunism in strategic alliances [J]. Journal of Managerial Psychology，2004，19（8）：744 - 759.

义行为的二维图。指出战略联盟中存在机会主义风险。林莉（2004）① 认为在不确定性日益增大的竞争时代，知识资本正取代物质资本成为企业竞争力的关键要素。但由于知识的特性，企业仅依靠自身的力量增长所需的知识资本困难重重，知识联盟已成为企业持久成功的现实选择。他在对知识联盟及知识转移一般过程论述的基础上，对知识联盟内部知识转移的障碍因素做出了分析，进而提出了克服知识共享风险障碍的几点建议。夏敏华、周国华、包晓英（2006）② 从资源观角度，对铁路多元经营物流企业与第三方物流企业实施战略联盟进行了探讨，着重分析其运作过程中存在的业务能力冲突、合作伙伴成长并入侵、服务质量连带、文化融合等几个方面的风险，最后提出了相应的风险防范措施。李昆山、梁建英（2006）③ 基于资源的观点讨论了战略联盟的关系风险和绩效风险，并给出了规避风险的策略。戴彬、屈锡华、李宏伟（2011）④ 将综合集成方法引入联盟风险识别的研究中，提出了联盟风险的综合集成识别框架。

（3）战略联盟风险评估。唐雯、李志祥（2014）⑤ 在对联盟风险来源进行准确识别的基础上，构建了由两个基本因素、15 个指标组成的联盟风险评估指标体系，并进一步探讨了联盟风险量化评估模型，应用模糊综合评价法，综合考虑风险概率、后果严重程度和可控程度三个方面，对联盟的风险水平做出评价。江琳琳（2013）⑥ 针对物流

---

① 林莉. 知识联盟中知识转移的障碍因素及应对策略分析 [J]. 科技导报，2004（4）：28-31.

② 夏敏华，周国华，包晓英. 基于资源观的铁路多元物流企业战略联盟风险分析与防范 [J]. 铁道运输与经济，2006，28（6）：24-26.

③ 李昆山，梁建英. 基于资源观的战略联盟风险及其防范 [J]. 河北经贸大学学报，2006，27（3）：64-67.

④ 戴彬，屈锡华，李宏伟. 基于综合集成方法的产业技术创新略联盟风险识别研究 [J]. 科技进步与对策，2011，28（22）：54-57.

⑤ 唐雯，李志祥. 产业技术创新战略联盟风险的模糊综合评估研究 [J]. 科技管理研究，2014（12）：80-84.

⑥ 江琳琳. 基于 BP 神经网络的物流战略联盟风险评估研究 [J]. 科技管理研究，2011（24）：165-168.

战略联盟中存在的风险，提出 11 个二级风险指标，构建 BP 神经网络模型，并借助 MATLAB 软件进行仿真训练和验证，从而对物流战略联盟进行风险评估。

（4）战略联盟风险的定性控制。针对战略联盟风险的定性控制研究较多，具体有：

①宏观定性控制措施。叶飞、张红（1999）① 通过对战略联盟风险的分析，提出了一些定性的战略联盟风险防范策略。王华（2004）② 通过分析联盟风险及其产生原因，提出在联盟实施过程中对风险加以防范的一些措施。陈一君（2003）③ 讨论了企业战略联盟风险的特点及分类，介绍了联盟风险的分析方法和联盟风险的防范措施。丁晨（2005）④ 对战略联盟的内涵、类型、动因等方面的众多研究成果进行梳理，结合战略联盟历史发展与现状，重点研究了以下内容：从联盟驱动力的角度研究企业缔结战略联盟的机理以及战略联盟这一组织形式的高风险性；战略联盟风险因素评价体系；战略联盟风险防范，包括风险防范相关机制与体系等。

②针对具体风险提出的定性控制措施。魏光兴（2003）⑤ 分析了战略联盟的内部风险：伙伴选择的风险、联盟成员之间缺乏信任及其投机行为、联盟成员之间利益难以协调、联盟成员之间责任难以协调及联盟外部风险。后给出了应对战略联盟风险的四条对策：选择合适的联盟伙伴、建立战略联盟的信任机制、协调战略联盟的利益分配、强化战略联盟的责任约束机制。向玫（2003）⑥ 分析了战略联盟所存在的风险：合作者的机会主义行为、缺乏信任、组织文化的冲突、学习能力不足、分配的不平衡。并提出了回避风险的相应对策：加强联

① 叶飞，张红. 战略联盟的风险分析及其防范对策 [J]. 科学管理研究，1999，（5）：65 - 67.
② 王华. 企业战略联盟的风险及其防范 [J]. 市场周刊，2004 (12)：15 - 16.
③ 陈一君. 企业战略联盟的风险与防范 [J]. 预测，2003，22 (2)：38 - 41.
④ 丁晨. 战略联盟风险识别体系及防范机制研究 [D]. 武汉：武汉理工大学，2005.
⑤ 魏光兴. 战略联盟的风险及其对策分析 [J]. 企业经济，2003 (12)：193 - 194.
⑥ 向玫. 战略联盟的风险及风险回避 [J]. 科技进步管理，2003 (1)：60 - 61.

盟内的相互信任、选择合适的合作伙伴、建立风险防范机制、建立学习型组织。苏晓华、张书军、姜晨（2005）[①] 首先介绍了互补型战略联盟中的资源与风险的类型；然后提出一些防范措施：选择合适的联盟伙伴、提高学习与吸收能力、完善契约，健全联盟的治理结构、建立信任机制。陆奇岸（2006）[②] 指出战略联盟具有关系风险和绩效风险，要想化解这些风险，就要选择好合作伙伴，在联盟中保持弹性和刚性的平衡，维持竞争与合作之间动态和持久的平衡，做好短期和长期为导向的绩效评估。郭立（2007）[③] 以大连中小软件企业为例，从寻求规模经济、优化行业内资源配置和分散经营风险等方面阐述中小软件企业战略联盟的动因，运用经济学基本理论对中小软件行业所具有的外部环境的高度动态性以及自身存在的不确定性所引发的企业战略联盟的主要风险，即信任风险、合约风险和财务风险进行分析，从对战略联盟过程管理的角度，提出了选择战略联盟伙伴、规范联盟合约和提高退出成本三项措施[④]。李树河（2007）[⑤] 分析了联盟风险的成因，并给出了联盟风险的具体规避措施：选择合适的伙伴、建立合理的利润分配机制、建立信任机制。杜景姝（2008）[⑥] 通过对联盟合作风险的稳定性、有效性、持续性和外部性的研究，指出了战略联盟风险分摊的两个方面，即合作伙伴之间的分摊和企业内部不同项目之间的分摊。并指出风险分摊需要遵循的四个原则：风险共有原则、风险有限原则、风险奖励原则和风险与利润相一致原则。

---

① 苏晓华，张书军，姜晨. 资源互补型战略联盟的风险及其防范［J］. 科研管理研究. 2005（8）：87 – 89.

② 陆奇岸. 企业战略联盟及其风险管理研究［J］. 广西师范大学学报，2006，42（3）：16 – 19.

③ 郭立. 中小软件企业战略联盟风险与控制［J］. 大连海事大学学报，2007，6（6）：104 – 107.

④ 李作战. 企业战略联盟的风险分析与防范措施［J］. 交通企业管理，2007（7）：118 – 119.

⑤ 李树河. 战略联盟的风险成因及其防范［J］. 消费导刊，2007（11）：245.

⑥ 杜景姝. 战略联盟风险特征及分摊［J］. 科技经济市场，2008（2）：53 – 54.

③技术联盟风险的定性控制。李瑞琴（2005）[①]认为由于战略技术联盟这种合作形式的特殊性从而导致了它的不稳定性，真正成功的战略技术联盟非常少，他尝试运用博弈论的分析方法，从量化的角度，寻找影响战略技术联盟稳定性的因素，从而为建立成功的战略技术联盟提供了合理化的建议。

④知识联盟风险的定性控制。周菁（2005）[②]认为一个成功的知识联盟意味着联盟的各方都能够获得其预期想获得的知识。能否实现这一目标，很大程度上取决于对知识联盟的有效管理。本书基于对企业知识联盟实践的分析，提出了对知识联盟进行有效管理的方式。李高、张成洪（2005）[③]指出企业知识联盟中的成员企业面临的一个重要问题是如何在相对开放的知识共享环境中，避免本企业核心知识资产流失。他们从个人和企业两个层次上分析了核心知识泄露的利益基础，指出防范企业核心知识资产流失的关键在于知识联盟自身的治理结构以及知识联盟的其他结构性因素。潘特拉·尼克等（Pantelia Niki，2005）[④]通过对联盟知识共享过程中信任和冲突的调查分析，提出了一个了解联盟知识共享过程中信任和冲突的框架，并指出了进一步研究的具体方向。陆瑾（2006）[⑤]从演化博弈论的角度，探讨了进行知识联盟的企业交互活动的复杂性可能对异质知识流的扩散和知识联盟稳定性造成多重可能的结果。分析表明：一个企业实施知识流的更新（如建立知识联盟）和顺利扩散，取决于不同因素的作用，并表现出不同的复杂演化结果。对于已建立知识联盟的企业来说。这些不

---

① 李瑞琴. 跨国公司战略技术联盟稳定性的博弈分析 [J]. 财经研究. 2005, 31 (4): 103 – 112.

② 周菁. 论知识联盟的管理 [J]. 开发研究, 2005 (4): 128 – 130.

③ 李高, 张成洪. 知识联盟中核心知识侵权的利益分析 [J]. 科学学与科学技术管理, 2005 (12): 70 – 74.

④ Pantelia Niki, Sockalingam Siva. Trust and conflict within virtual inter-organizational alliances: a framework for facilitating knowledge sharing [J]. Decision Support Systems, 2005, 39 (4): 599 – 617.

⑤ 陆瑾. 基于演化博弈论的知识联盟动态复杂性分析 [J]. 财经科学, 2006, 216: 54 – 61.

同的结果会对知识联盟的稳定性产生影响。如果企业最终都达到主动
变更知识的策略选择状态，则异质知识得以在企业间扩散，从而强化
企业间的知识联盟，但如果企业最终没有达到这一状态，则企业知识
联盟的稳定性将被削弱。陆杉、高阳（2006）① 从博弈的角度分析了
知识联盟成员之间的关系，用KMRW声誉模型分析了知识联盟的稳
定性问题，在此基础上提出了保持知识联盟稳定性的一些措施。

⑤跨国战略联盟风险控制。徐冉（2007）② 基于博弈论的分析方
法，着重分析了跨国战略联盟在发展过程中可能出现的风险，并对建
立稳定的跨国战略联盟针对性地提出了具体的防范风险的措施：正确
认识跨国战略联盟的竞合关系、慎重选择联盟伙伴、保证实现双赢、
制定文化融合策略。分析战略联盟风险产生的原因，并提出六种风险
防范手段：了解自己、寻找合适的合作伙伴、加强谈判期的风险防
范、加强运营期的风险防范、加强联盟组织机构的风险防范和通过发
展文化认同防范风险。

⑥物流战略联盟风险定性控制。张旭辉（2007）③ 指出物流战略
联盟存在合作伙伴选择风险、控制权丧失风险、不合作行为风险和服
务质量连带风险四种风险。并给出了风险规避的策略，即：谨慎选择
和评估合作者、确保联盟弹性和刚性的平衡、建立风险预控机制、建
立信任机制。

（5）战略联盟风险的定量控制。当前对战略联盟风险的定量控制
主要是针对某一种或少数几种风险提出的定量控制措施。具体有：

①关系风险的定量控制。戴斯等（2003）④ 着重研究战略联盟中关
系风险。关系风险是指决策者对合作过程中伙伴企业机会主义行为的关注

---

① 陆杉，高阳. 知识联盟稳定性的博弈分析［J］. 企业天地，2006（1）：148－149.
② 徐冉. 跨国战略联盟的风险及其防范［J］. 南阳师范学院学报，2007，6（4）：21－23.
③ 张旭辉. 物流企业战略联盟风险及其防范研究［J］. 物流管理，2007，（36）：23－25.
④ Das, T. K & Teng, Bing-Sheng. Relational Risk and its Personal Correlates Strategic Alliances［J］. Journal of Business & Psychology, 2001, 15（3）：449－465.

程度。提出了联盟中关系风险的一个度量标准，并进行了实证检验。

②合作伙伴风险的定量控制。刘琦、陈琼、韦司滢（2004）[①] 针对企业在知识联盟伙伴选择过程中存在的主观性和盲目性问题，建立了基于多层次灰色关联度方法的知识联盟伙伴选择模型，构造了评价企业知识联盟潜在合作伙伴的指标体系，并对所提出的模型进行了例证分析。戚守峰（2006）[②] 在对企业战略联盟存在的风险及规避措施进行理论透析的基础上，给出了企业战略联盟伙伴选择机制的权值排序模型。提出了企业战略联盟的三种风险防范整合架构，论述了三者之间的相关关系。并通过实例对企业战略联盟伙伴选择机制的权值排序模型和风险防范整合体系进行了验证。布余可堪等（Buyukozkan G.，2008）[③] 提出了一种战略联盟伙伴选择的多标准决策方法，该方法由三步组成：识别合作伙伴选择的主要和次要的标准、应用模糊层次分析法估计各标准的权重、应用 TOPSIS 技术获得合作伙伴等级的最终结果。法姆伊娃·奥娃费等（Famuyiwa Oluwafemi，2008）[④] 运用综合的方法对战略联盟潜在合作伙伴的兼容性作了评估，该方法应用基于模糊逻辑的程序分析了与潜在合作伙伴兼容性相关的模糊的、不精确的和主观的信息，并用一实例对该模型作了验证。

③知识共享风险的定量控制。恩尼·阮哥姆汉等（Eunni Ranga-mohan V.，2006）[⑤] 在对国际商业联盟调查的基础上，运用一些定量

---

①　刘琦，陈琼，韦司滢. 基于多层灰色关联度的知识联盟伙伴选择模型［J］. 华中科技大学学报（自然科学版），2004，32（7）：54－56.

②　戚守峰. 企业战略联盟风险防范体系的架构研究［J］. 管理学报，2006，3（1）：19－23.

③　Buyukozkan G.，Feyzioglu O.，Nebol E.. Selection of the strategic alliance partner in logistics value chain［J］. International Journal of Production Economics，2008，113（1）：148－158.

④　Famuyiwa Oluwafemi，Monplaisir Leslie，Nepal Bimal. An integrated fuzzy-goal-programming-based framework for selecting suppliers in strategic alliance formation［J］. International Journal of Production Economics，2008，113（2）：862－875.

⑤　Eunni Rangamohan，V. Kasuganti，Ram R. Kos，Anthony J. Knowledge Management Processes in International Business Alliances：A Review of Empirical Research［J］. International Journal of Management，2006，23（1）：33－42.

分析方法，提出了改善联盟中知识管理程序的一些方法。林文保（Lin Wen Bao, 2007）[①] 对影响战略联盟中技术性知识传播和联盟内部相互作用机制的关系的因素做了研究，该研究基于对 6 个先进行业的问卷调查，他应用多变量分析法和 LISREL 模型来验证各因素间的关系。最终得出相互作用机制与知识传播具有较强的正相关性。

2.2.3　虚拟企业风险管理研究现状

麦斯·爱丽丝（Messing Alice, 1993）[②] 讨论了什么是虚拟企业。他认为虚拟企业具有以下特点：许多公司为一个共同的目标一起努力；不固定的公司边界；自由的信息流动；公司间的相互沟通很重要；企业应具有电子数据和商业文件的交换能力。罗斯特·安斯博（Rolstadas Ashbjorn, 1994）[③] 对虚拟企业的概念做了评价，然后探讨了影响虚拟企业运作的三个主要因素：供应商、顾客、生产计划的制定与生产控制。对虚拟企业风险的研究，主要集中在以下五个方面。

（1）虚拟企业风险的影响因素。①传输技术。哈根·约翰（Higgs John, 1997）[④] 主要探讨了传输技术对虚拟企业的影响，包括：异步传输模式的应用和它对网络的要求。②"虚拟专用网络"的特性。陈安妮（Chen Anne, 1999）[⑤] 对"虚拟专用网络"作了简要的分析，指出在虚拟企业使用"虚拟专用网络"过程中的一些问题：如网络管理的困难；安全隐患；数据加密和公司成本节约。③信息管理

① Lin Wen Bao. Factors affecting the correlation between interactive mechanism of strategic alliance and technological knowledge transfer performance [J]. Journal of High Technology Management Research, 2007, 17 (2): 139 –155.

② Messing Alice. What it takes to be a virtual enterprise [J]. U. S. Distribution Journal, 1993, 220 (10): 38 –39.

③ Rolstadas Ashbjorn. Editorial Virtual enterprise [J]. Production Planning & Control, 1994, 5 (3): 239.

④ Higgs John. Delivering the virtual enterprise network [J]. Telecom Asia, 1997, 8 (7): 44 –46.

⑤ Chen Anne. Perot's VPN path to the virtual enterprise [J]. PC Week, 1999, 16 (33): 70.

技术。周等（Zhou Q.，1999）① 指出虚拟企业的信息管理是当时面临的一大挑战。因此，基于目标导向技术和 X-CITTIC 项目，他们提出了一个虚拟企业信息管理的要素体系。④合作伙伴的选择。劳·亨瑞等（Lau Henry C. W.，2001）② 认为由于虚拟企业包括大量的经营不同业务且地域分散的伙伴的企业，虚拟企业的管理已成为一个重要的课题。由于伙伴企业间不同的利益、不同的能力和不同的文化，合作伙伴的选择是虚拟企业成功的关键。另外，由于信息流会影响虚拟企业的运作，因此信息流动是否畅通是另一个关键。他们通过对一些小公司如何有效地运用现有技术的客观阐述来探讨合作伙伴选择和信息对于虚拟企业的重要性，同时还作了实证分析。

（2）虚拟企业风险的识别。张青山、郑国用、赵忠华（2001）③提出了一个虚拟企业风险分析模型，对杂乱堆积的风险因素进行了结构性分析。其中包括的风险因素有 11 种，它们是：价格风险、部件设计风险、设计风险、生产风险、融资风险、数据传递风险、质量风险、技术力量不平衡风险、物资供应风险、技术风险、市场风险。游达明、彭伟（2003）④ 定性分析虚拟企业的五种风险因素：投资和战略风险、管理和协作风险、核心技术外泄风险、关联企业投机行为带来的风险、道德风险，并提出了虚拟企业各阶段的风险控制的定性方法。王明舜、李耀臻（2004）⑤ 对虚拟企业风险形成的机理作了分析。并指出虚拟企业中主要包括：市场风险、能力风险、管理风险、

①　Zhou Q, Besant C. B. . Information management in production planning for a virtual enterprise［J］. International Journal of Production Research，1999，37（1）：207 – 218.

②　Lau Henry C. W, Wong Eric T. T. . Partner selection and information infrastructure of a virtual enterprise network［J］. International Journal of Computer Integrated Manufacturing，2001，14（2）：186 – 193.

③　张青山，郑国用，赵忠华. 虚拟企业的风险分析模型［J］. 工业技术经济，2001（1）：37 – 38.

④　游达明，彭伟. 虚拟企业的风险控制［J］. 湖南经济管理干部学院学报，2003，14（4）：30 – 31.

⑤　王明舜，李耀臻. 虚拟企业风险形成机理研究［J］. 山东理工大学学报，2004，20（6）：54 – 57.

信息风险和投资风险五种风险。陈友林（2009）[①] 引用系统理论的状态空间法，从内外两个方面对虚拟企业的风险状态进行分析，完成了虚拟企业的风险识别。

（3）虚拟企业风险评估方法与模型。目前对该方面的研究较多，具有代表性的如下。

①模糊综合评判法。孟凡波（2004）[②] 对敏捷虚拟企业的风险作了衡量。在风险识别的基础上，他采用二级模糊综合评判法给出风险评估的程序。李志敏、杜纲、李喆（2006）[③] 详细分析了虚拟企业的主要类型和特点，构建了虚拟企业的风险识别体系，采用风险因子的模糊综合评判法给出了虚拟企业风险评估模型，并进行了例证分析。同样，采用模糊综合法的还有刘书庆、杨帆（2007）[④]、闫琨、黎涓（2004）[⑤]、高峰（2004）[⑥]、张炎亮（2011）[⑦]。

②聚类分析法。李磊（2005）[⑧] 首先从虚拟企业的产生、发展和现状分析入手，系统分析了虚拟企业风险产生的机理，风险及其影响因素的特点，采用解析结构模型进行虚拟企业的风险因素的识别，并深入研究了虚拟企业风险管理的关键影响要素，建立关于虚拟企业风险的评价指标体系；其次，运用聚类分析的方法对 20 份专家的调查

———————————

① 陈友林. 基于状态空间法的虚拟企业风险识别 [J]. 科技经济市场, 2009 (5): 3 - 4.

② 孟凡波. 敏捷虚拟企业的风险衡量 [J]. 商业研究, 2004 (10): 86 - 87.

③ 李志敏, 杜纲, 李喆. 基于生命周期的虚拟企业风险识别指标体系及评估模型 [J]. 西安电子科技大学学报, 2006, 16 (2): 92 - 97.

④ 刘书庆, 杨帆. 开发型虚拟企业风险防范研究 [J]. 科技管理研究, 2007 (6): 176 - 179.

⑤ 闫琨, 黎涓. 虚拟企业风险管理中模糊综合评判法的应用 [J]. 工业工程, 2004, 7 (3): 40 - 43.

⑥ 高峰. 虚拟企业风险分担和利益分配有效性评价 [J]. 商业研究, 2004 (19): 60 - 62.

⑦ 张炎亮, 谭黎. 虚拟企业风险识别与评价实验研究 [J]. 物流工程与管理, 2011 (2): 113 - 115.

⑧ 李磊. 基于熵权多级模糊综合评价的虚拟企业风险研究 [D]. 哈尔滨: 哈尔滨理工大学, 2005.

问卷进行了筛选，得到 16 份有效的调查问卷；再次，运用熵理论和熵权的方法来确定各个指标的权重；最后，采用多级模糊综合评价方法对虚拟企业的风险进行评价。

③物元分析法。修国义、齐攀（2007）① 提出了基于物元分析的虚拟企业风险评估模型。他们首先分析了物元分析的基本理论与思路；然后建立了虚拟企业风险指标体系，指出虚拟企业风险包括政治风险、金融风险、市场风险、自然风险、能力风险、管理风险、投资风险、信息风险、核心技术外泄风险、法律风险能及资源整合风险等；最后通过实例阐述了基于物元分析的虚拟企业风险评估。高长元等（2011）② 指出高技术虚拟企业风险的量化是管理高技术虚拟企业风险的关键，并针对风险因素权重的主观性特点，采用可拓物元分析方法对风险因素权重进行修正，以提高各风险因素权重的客观性，并利用可拓物元理论对高技术虚似企业风险进行了评估。

④层次分析法。姜旺、魏晓平（2007）③ 运用层次分析法对某虚拟企业三个备选方案的风险评价进行了实证分析，阐明了层次分析法在多个指标、方案中选择最佳的组合方案时是一种科学、可行的方法。卢福强、黄敏、王兴伟（2009）④ 针对虚拟企业的风险因素具有随机性的特点，将随机风险因素描述为随机变量，提出了一个虚拟企业风险管理的随机规划模型。并针对该模型设计了嵌入蒙特卡罗模拟的遗传算法，蒙特卡罗模拟是处理模型中随机变量的有效方法，仿真分析表明了该算法的有效性和该随机规划模型对于虚拟企业风险管理

① 修国义，齐攀．基于物元分析的虚拟企业风险评估模型 [J]．管理现代化，2007（3）：47 - 49．

② 高长元，王晓明，李红霞．高技术虚拟企业风险的可拓物元评估模型 [J]．哈尔滨工业大学学报，2011，16（5）：118 - 121．

③ 姜旺，魏晓平．基于 AHP 法的虚拟企业风险评价实证分析 [J]．工业技术经济，2007，26（9）：63 - 67．

④ 卢福强，黄敏，王兴伟．基于随机规划和遗传算法的虚拟企业风险管理 [J]．东北大学学报（自然科学版），2009，3（9）：1241 - 1244．

的重要作用。卢福强、薛岩松（2012）① 设计了随机层次分析法（SAHP）来对虚拟企业风险进行评价。在随机层次分析法中，将专家咨询法过程中的不确定性描述为随机变量，得到随机判断矩阵，进而应用随机模拟方法确定随机判断矩阵中元素的估计值，并运用随机层次分析法对某虚拟企业三个备选组建方案的风险评价进行了实证分析。

⑤解析结构模型。高长运、王晓明（2009）② 应用解析结构模型对虚拟企业风险作了定量评估，该方法最终可以得出相对于某个虚拟企业来说，一个或多个重要的风险。姜波、徐克林、赵晓莉（2009）③ 对虚拟企业风险进行了灰色评估。灰色综合评估对评价对象做出一种半定性、半定量的描述，弥补了目前一般方法在各类灰色程度评价信用上的缺陷，着重研究层次分析法及模糊理论等所难以解决的"小样本""贫信息"等不确定性问题。最终可计算出各种风险的重要程度。

⑥BP 神经网络。蒋杨永、蒋建华（2009）④ 利用 BP 神经网络对虚拟企业的整体风险等级作了评估，最终可以得出某虚拟企业的风险等级是低级、中级还是高级。

⑦其他模型。高长元（2012）⑤ 等通过对高技术虚拟企业成员所投有形资本、无形资本和沉没成本的界定以及对投资回报率的估算，建立了正常风险水平情况下衡量成员风险大小的模型。

（4）虚拟企业风险控制对象。对虚拟企业风险控制对象的研究主

---

① 卢福强，薛岩松. 基于随机层次分析法的虚拟企业风险评价 [J]. 信息与控制，2012，41（1）：110−116.

② 高长远，王晓明. 高技术虚拟企业风险结构解析模型研究 [J]. 科技与管理，2009，11（2）：15−18.

③ 姜波，徐克林，赵晓莉. 工程物流虚拟企业风险的灰色评估 [J]. 研究与开发，2009，31（7）：1−3.

④ 蒋杨永，蒋建华. 基于 BP 神经网络的虚拟企业风险评价研究 [J]. 计算机仿真，2009，26（12）：261−264.

⑤ 高长元，王晓明，李红霞. 高技术虚拟企业风险衡量模型 [J]. 科技进步与对策，2012，29（3）：101−103.

要集中在：

①合作伙伴风险的控制。吴耐奇（Wu Naiqi，2002）[①] 指出虚拟企业是一个短暂的联盟，面对一个市场机会，为了建立一个虚拟企业，可以通过沟通获得潜在的合作伙伴。为了使合作成功，必须事先规定每一个合作伙伴在联盟中的作用，接着探讨了如何确定合作伙伴在联盟中的作用以及确定其资源。爱皮（Ip W. H.，2003）[②] 认为为使虚拟企业取得成功，降低伙伴选择的风险和确保目标完成的风险是两大风险。提出了一个基于伙伴选择风险的模型，并给出了伙伴选择过程中的一些定量方法。

②知识共享风险的控制。杰莫·米特加（Jermol Mitja，2003）[③] 对包括来自学术界和商界的团队组成的虚拟企业建立一个模型。在这样的虚拟企业中，知识管理是一个重要因素，建立了模型后，他们通过实证对模型作了检验。

③产品质量风险的控制。劳（H. C. W. Lau，2003）[④] 指出虚拟企业是由一些地域上分散的、工艺不同的企业组成。成员之间的合作、产品质量的转移和产品服务的提供是虚拟企业必须解决的问题。他们提出了一个"多层代理"模型来控制虚拟企业的产品质量和保证各成员有效地推进自己产品的进程。马丁·安吉鲁等（Martins Angelo，2004）[⑤] 分析了虚拟企业中质量保证问题。他们提出了一个全新的综合的质量管理和质量认证方法。他们认为：ISO9001：2000 这一著名

① Wu Naiqi, Sun Jian. Grouping the activities in virtual enterprise paradigm [J]. Production Planning & Control, 2002, 13 (4): 407 – 415.

② Ip W. H. Genetic algorithm solution for a risk-based partner selection problem in a virtual enterprise [J]. Computers & Operations Research, 2003, 30 (2): 213 – 241.

③ Jermol Mitja. Managing business intelligence in a virtual enterprise: A case study and knowledge management lessons learned [J]. Journal of Intelligent & Fuzzy Systems, 2003, 14 (3): 121 – 136.

④ H. C. W. Lau. Quality management framework for a virtual enterprise network: a multi-agent approach [J]. Managing Service Quality, 2003, 13 (4): 300 – 309.

⑤ Martins, Angelo. Quality management and certification in the virtual enterprise [J]. International Journal of Computer Integrated Manufacturing, 2004, 17 (3): 212 – 223.

的认证体系只是虚拟企业质量管理的起点，好的质量管理应该拓宽其范围并考虑伙伴企业的生命周期，同时应该引入第三方审计等。

④电子商务风险的控制。黄敏、吴学静、王兴伟（2005）① 针对电子商务环境下虚拟企业风险规划问题，给出了一种基于蚂蚁优化思想的求解算法。该方法能够实现在投入一定风险费用的情况下，通过优化组合风险处理措施，集成基于模糊综合评判的虚拟企业风险评价，达到虚拟企业整体风险水平最低的目标。

⑤生产风险的控制。欧兹·拉特法等（Ouzizi Latifa，2006）② 认为每一个成员企业都是虚拟企业的一个节点，成员企业通过协议来保证生产计划的进行。他们建立了一个基于多层代理生产计划的模型。这一模型考虑了产品的生命周期和顾客的需求。

（5）虚拟企业风险控制方法。黄碧青（Huang Biqing，2002）③ 指出虚拟企业是一个分散的、高度自治的伙伴企业间的短暂联合，它很类似于"HOLONIC 制造系统"。因此，他们研究了"HOLONIC 制造系统"在虚拟企业控制中的应用。首先，他们提出了一个框架，然后以此框架为基础，提出一些控制措施。他们认为，虚拟企业控制的目的就是为了保证其稳定性。罗博·竺（Robb Drew，2003）④ 分析了虚拟企业的特征，提出运用网络控制虚拟企业间的供应链，来控制与合作伙伴间的关系。莫等（Mo J. P. T，2003）⑤ 认为虚拟企业面临的最大挑战是如何有效地运用各成员企业的无形资产来创造更大的利润。针对这一问题，他们做了一个调查。然后，基于他们对全球项目

---

① 黄敏，吴学静，王兴伟. 电子商务下基于蚂蚁系统的虚拟企业风险规划问题 [J]. 计算机集成制造系统，2005，11（10）：1456−1460.

② Ouzizi Latifa. A model for cooperative planning within a virtual enterprise [J]. International Journal of Computer Integrated Manufacturing，2006，19（3）：197−209.

③ Huang Biqing. A framework for virtual enterprise control with the holonic manufacturing paradigm [J]. Computers in Industry，2002，49（3）：299−310.

④ Robb Drew. The Virtual Enterprise：How Companies Use Technology to Stay in Control of a Virtual Supply Chain [J]. Information Strategy：The Executive's Journal，2003，19（4）：6−11.

⑤ Mo J. P. T，Zhou M. Tools and methods for managing intangible assets of virtual enterprise [J]. Computers in Industry，2003，51（2）：197−210.

的调查，讨论了许多可能促进虚拟企业伙伴间无缝合作的工具和方法。叶飞、孙东川（2004）[①] 从生命周期的角度，分析了虚拟企业组建与运作中可能发生的风险，提出了虚拟企业组建与运作风险的管理方法。王明舜（2005）[②] 从虚拟企业的特点出发，对虚拟企业中的风险进行了识别与分析，提出了风险衡量与评价的方法，提出了应对各种风险的具体措施，进一步提出了建立风险预警系统、利用合同及增加信任以规避风险，同时对虚拟企业风险发生的后果提出了分配方案。邵文武、夏恩君、任培民（2006）[③] 从合作伙伴选择，风险与收益的评估与分解，目标的分配与确认，绩效评价指标和分配方案的制定，诚信机制的设计以及各种机制、方案的有效实施等方面系统地阐述了虚拟企业风险控制的方法，并结合虚拟企业的柔性化特点进一步提出了运用 PDCA 循环对运作过程中的目标及方案不断改进的动态原则。高晚欣、刘希宋（2004）[④] 认为从虚拟企业组建及运行过程可以发现，虚拟企业中的风险因素可以在各个伙伴之间进行传递和累积，并显著影响着虚拟企业的风险水平。因此对虚拟企业风险进行识别、衡量与控制的研究就显得非常重要。他们从虚拟企业风险产生的原因分析入手，运用环境分析、风险函数、优化控制等定性与定量分析相结合的方法，给出了虚拟企业风险识别、衡量与控制的对策和建议。虚拟企业风险的存在，要求在选择虚拟企业伙伴、组建虚拟企业及运行过程中，必须对其风险有足够重视，及时识别、衡量风险，并找出控制风险的办法。通过对虚拟企业风险的研究，提出了虚拟企业风险分析和控制模型。

综上所述，国内外学者对像供应链、战略联盟和虚拟企业这样的

① 叶飞，孙东川. 面向生命周期的虚拟企业风险管理研究 [J]. 科学学与科学技术管理，2004，(11)：130 – 133.

② 王明舜. 虚拟企业的风险管理研究 [D]. 青岛：中国海洋大学，2005.

③ 邵文武，夏恩君，任培民. 虚拟企业的风险控制研究 [J]. 企业管理，2006 (7)：235 – 236.

④ 高晚欣，刘希宋. 虚拟企业风险研究 [J]. 哈尔滨工程大学学报，2004，25 (1)：118 – 123.

合作组织风险管理的研究主要集中在以下五个方面。

（1）风险产生的影响因素。

（2）风险识别。目前，对合作组织分析识别的研究很多，同时也列举出了众多的合作组织风险，这对知识链风险的识别起到了极大的借鉴作用。

（3）风险的评估。目前，应用于合作组织风险评估的方法和模型较多，他们是：层次分析法、模糊综合评判法、三角模糊数法、灰色聚类法、未确知理论法、风险矩阵法、人工神经网络法、熵权法等。该方面的研究已较为成熟。但这些方法基本上都是将专家调查来的数据作为输入，通过一定的数学计算得出对各种风险重要性的量化评估。但这里有一个问题需要思考，那就是从专家调查来的数据是否可以直接作为评估模型的输入，因为专家有时受一些因素的影响，调查结果可能不够客性。为此，对于本书知识链的风险评估，作者采用的是用 SPSS 法改进后的专家调查数据作为输入，并结合风险矩阵法和 Borda 序值法对知识链中各种风险的相对重要性做出量化评估。

（4）针对某一种风险的定量控制。目前，针对合作组织风险控制的定量研究，基本上停留在针对某一种风险的单独控制上，且这种研究也主要集中在供应链领域。如对供应链的采购、生产、合作伙伴选择、利益分配等方面的定量研究。鲜有对合作组织的组织结构、管理机构、成员数量等做研究。更是缺少对合作组织风险的系统、全面的控制研究。实际上，目前对合作组织风险的定量研究，大多数都集中在对风险的评估上。

（5）针对一些风险的定性控制。当前，也有一些学者针对多种风险做出控制措施，但这些措施相对简单，而且是纯文字的。也有针对合作组织整体的风险控制研究，如针对供应链整体的熵权研究，但这些研究也没有给出较为具体的控制方法。

2.3　知识链及其相关问题研究现状

2.3.1　知识传播、共享和创造过程中相关风险研究现状

知识链是以知识传播、共享和创造为目的的链式结构。组织之间知识传播、共享是指各成员组织通过各种渠道进行交换和讨论各自拥有的知识，其目的在于通过知识的交流增加知识的效用并产生新的知识。对组织之间知识传播、共享和创造过程中相关风险的研究主要有以下四个方面。

（1）风险产生的影响因素。朱玉岭、陈菊红、赵培勇（2006）[①]通过对敏捷虚拟企业知识共享风险进行分类，研究了知识共享风险产生的根源，并指出了知识共享风险的影响因素，它们是：知识的模糊性、知识契约的不完备性、知识企业对知识的过度保护、知识传递与吸收能力低、缺乏先进技术、信息不对称、知识传递方式不当。黄瑞华、苏世彬（2008）[②]探讨了合作创新中隐性知识转移引发的商业秘密风险的影响因素：包括商业秘密对知识接收方的重要程度、商业秘密里隐性知识转移的难易程度、企业发展方向与核心员工个人定位的符合程度、企业对关键员工的支持程度、关键员工在企业里人际关系的融洽程度、企业对关键员工的关心程度、关键员工对自身薪酬的满意程度、知识发送方的保密措施等，并运用证据理论对合作创新中隐性知识转移引发的商业秘密风险的主要影响因素进行了提取。马亚

---

① 朱玉岭，陈菊红，赵培勇．敏捷虚拟企业知识共享风险分析［J］．情报杂志，2006（3）：43 – 48.

② 黄瑞华，苏世彬．合作创新中隐性知识转移引发的商业秘密风险主要影响因素分析［J］．科研管理，2008，29（1）：74 – 79.

男、李慧（2008）① 对影响知识联盟组织间技术知识共享效果的客观因素进行了研究分析，在此基础上运用博弈论方法建立了理论模型，对同行业竞争企业之间结成知识联盟进行技术知识共享的过程、选择和得益进行分析，证明当知识联盟合作方没有采取适当的风险控制和规避措施时，合作双方追求个人利益最大化的内部动机会导致知识联盟组织间技术知识共享不足风险的形成。陶蕾、刘益（2008）② 探讨了作为有效知识共享的重要决定因素之一的信任是如何影响知识联盟成员间的知识共享的，并初步探讨了联盟成员的个人关系对上述关系的调节影响。石书玲（2009）③ 依据知识联盟成员之间的竞合特性，从联盟知识能否被分享的角度，提出了共有知识和私有知识的概念区分，指出知识联盟的维系和成功需要在共有知识分离和私有知识保护之间求得平衡；在此基础上，从个人和组织两个层面提出了影响共有知识分享的因素：个人的特性（包括个人声誉、个人学习能力、个人技巧）、个人间的关系特性（包括个人间的信任、技巧的互补性、知识差距）、组织特性（包括相对吸收能力、合作愿望）、组织间的关系特性（包括维持关系的力度、以往合作历史）。从资源特性（包括知识的核心化程度、知识的隐性化程度、盟员的学习意愿、资源的相似性）和关系特性（包括信任度、文化相似性、联盟时间长度、盟员规模大小、先前联盟经历）方面探讨了影响私有知识保护和泄露的因素。同时提出了若干理论假设，以期为进一步的实证研究提供基础。

总的来说，知识转移、共享的影响因素包括：知识的模糊性、知识契约的不完备性、知识企业对知识的过度保护、知识传递与吸收能力低、缺乏先进技术、信息不对称、知识传递方式不当、知识接收方

---

① 马亚男，李慧. 知识联盟组织间知识共享不足风险形成过程研究 [J]. 科学学与科学技术管理，2008（1）：93 – 97.

② 陶蕾，刘益. 知识联盟中企业间信任对知识共享的影响研究 [J]. 情报杂志，2008（2）：73 – 75.

③ 石书玲. 知识联盟中共有知识分享与私有知识保护影响因素研究 [J]. 科学学研究，2009，26（2）：416 – 420.

的重要程度、知识转移的难易程度、核心员工个人定位、关键员工对自身薪酬的满意程度、知识发送方的保密措施等。

（2）风险的识别。张雪、张庆普（2007）① 从合作创新知识转移主体的角度分析了其所面临的关键风险因素，它们是：信任风险、转移媒介带来的风险、知识型员工流失的风险、知识外溢风险。基于可拓评价方法的相关理论，构建了风险评估的物元模型，并通过实际应用研究，提供了该评估模型的使用方法，对企业合作创新知识转移主体面临的风险给出了定性、定量相结合的综合评价结果。翟运开、董芹芹（2007）② 研究了合作创新过程中所转移的知识的类别，并按照知识转移中风险发生的大致阶段，将知识转移过程中的风险概括为：前—中阶段的转移主体能力与协作风险、转移过程中知识受损的风险和知识转移中—后阶段产生的知识产权风险。李纲、刘益（2007）③指出知识是企业的核心资源，企业必须考虑知识在转移过程中面临的风险。以合作创新为背景，分析合作创新企业间进行知识转移可能带来的风险，这些风险共有八种，它们是：知识泄露的风险、知识被模仿的风险、知识破损的风险、知识被滥用和盗用的风险、知识转移的时滞风险、人才流失的风险、契约不完备风险和收益风险不均风险。同时，还提出了风险控制的措施，这些措施分别是：合理选择伙伴、签订正式契约、建立信任机制、管理好企业内部知识、优化核心人员的绩效评价和通过文化留人。

（3）风险的定性控制。胡厚山、彭灿（2007）④ 对知识联盟中的知识创造过程、知识转移过程及知识转移过程中的主要影响因素进行

---

① 张雪，张庆普. 基于可拓方法的合作创新知识转移主体的风险分析与评价 [J]. 中国管理科学，2007，15：671 – 675.

② 翟运开，董芹芹. 基于合作创新的知识转移过程中的风险分析 [J]. 武汉理工大学学报（信息与管理工程版），2007，29（3）：76 – 79.

③ 李纲，刘益. 合作创新中知识转移的风险与对策研究 [J]. 科学学与科学技术管理，2007（10）：107 – 110.

④ 胡厚宝，彭灿. 知识联盟中的知识转移障碍与对策 [J]. 科技进步与对策，2007，24（3）：136 – 138.

了系统研究，并针对这些因素提出了促进知识转移的对策。李志刚（2008）① 根据合作联盟合作过程中知识流的类型、知识交换的方向以及合作关系，设计知识共享的行为模型，对知识共享方式、知识共享水平及相关因素进行讨论，从而为制定出明确的知识共享风险控制策略提供理论指导，并提出风险控制的措施：构建能有效地控制知识共享风险的组织体系，制定联盟知识共享的宗旨和制度；构建多方位的信任与合作关系，营造一种相互学习的组织文化；构建公平合理的利益分配机制；建立知识产权保护和知识共享风险的防范系统。

（4）风险的定量控制。方永恒、瞿伟（2006）② 以知识联盟型虚拟企业为研究对象，针对其知识共享过程中存在的各种风险，利用模糊数学和人工神经网络技术，建立了基于模糊神经网络的知识联盟型虚拟企业风险预警模型，并对该模型进行了初步的训练及检测。苏世彬、黄瑞华（2007）③ 从隐性知识转移发送方出发，研究了合作创新隐性知识转移风险的特点，并运用风险矩阵对合作创新中隐性知识转移的风险进行研究，同时运用蒙特卡罗仿真对合作创新隐性知识转移中各种不同风险的影响等级、发生概率进行模拟，从而得出了不同风险的风险等级，为合作创新中隐性知识转移中重点风险的防范提供了依据。

2.3.2 知识链研究现状

有关知识链的研究，主要集中在以下六个方面。

① 李志刚. 合作联盟知识共享的行为模型及风险控制 [J]. 科技管理研究, 2008 (4)：253 – 256.

② 方永恒，瞿伟. 基于模糊神经网络的虚拟企业知识共享风险预警研究 [J]. 科技与管理, 2006 (3)：53 – 55.

③ 苏世彬，黄瑞华. 基于风险矩阵的合作创新隐性知识转移风险分析与评估 [J]. 科研管理, 2007, 28 (2)：27 – 35.

（1）知识链的影响因素研究。顾新、郭耀煌和李久平（2003）[①]界定了不同创新组织在知识流动过程中所形成的知识链，分析了知识链中的社会资本及其影响因素，探讨了社会资本在知识链中的作用。马国强、张诚、张成洪（2007）[②] 针对知识联盟失败较多的现象，对影响知识联盟动态发展的联盟维持费用、知识资源特征、社会相容性等结构因素作了分析。建立了博弈模型，并分两个阶段研究了影响知识联盟形成和发展的结构性因素对企业行为决策的影响，还研究了这些因素之间的关系。胡园园、顾新、王涛（2015）[③] 将知识链演化过程与企业跨组织合作运行过程相结合，分析了知识链嵌套在跨组织合作不同阶段中企业之间信任的变化以及对知识链中知识运行的影响因素，构建了知识链动态信任评价体系。

（2）知识链成员间利益分配机制的研究。石书玲（2008）[④] 指出显性利益分配的公平性是知识联盟成员是否加入或维系联盟的关键因素，并运用合作博弈理论，基于 Shapley 值法和 Nash 协商解法，分别分析了知识联盟的显性利益分配问题，导出了多人 Nash 利益分配的近似解，并对 Shapley 值法和 Nash 近似解法的一致性以算例进行了验证，结果表明二者具有高度的一致性，说明 Nash 近似解法可作为解决多企业联盟利益分配的有效方案。

（3）知识链成员间知识共享的研究。徐建锁、王正欧（2003）[⑤]针对显性知识和隐性知识在知识链中的转移与扩散的过程和方式并不相同，提出了改进后的新知识链模型，同时分析了知识链内部机制，

———————

① 顾新，郭耀煌，李久平. 社会资本及其在知识链中的作用 [J]. 科研管理，2003，24（5）：44 – 48.

② 马国强，张诚，张成洪. 知识联盟动态发展的结构性影响因素研究 [J]. 科学学与科学技术管理，2007（2）：158 – 165.

③ 胡园园，顾新，王涛. 基于网络层次分析法的知识链信任评估研究 [J]. 情报科学，2015（12）：40 – 45.

④ 石书玲. 知识联盟显性利益分配的一个有效近似解法 [J]. 统计与决策，2008（15）：153 – 155.

⑤ 徐建锁，王正欧. 基于知识链和 DEA 方法的管理策略研究 [J]. 情报科学，2003，21，（7）：688 – 690，706.

并应用 DEA 理论和方法来发现知识链内部造成知识管理难度的主要环节，提出了新的知识管理策略。程敏、余艳（2011）[①] 运用演化博弈方法，构建了知识链组织间知识共享的演化博弈模型，分析了其动态演化过程及知识共享策略选择的影响因素，依据分析结果提出了促进知识链组织间知识共享的措施。余春兰、顾新（2012）[②] 对比知识链组织内部与组织之间的知识共享特点，通过知识链组织之间知识共享的过程来分析知识共享的影响因素，进而从知识主体、组织文化、信任机制方面提出了知识共享的策略。张省、顾新、张江甫（2012）[③] 基于动态能力构建了知识链知识优势理论模型，并从过程视角"知识获取→知识共享→知识创造"描述了知识链知识优势的形成。吴绍波（2013）[④] 对知识链组织的知识互惠做了研究。张省（2014）[⑤] 在分析知识链知识输出方知识共享成本—收益函数的基础上构建了知识链知识共享信誉均衡模型，并从提高长期合作收益期望、完善知识链组织的契约监督协调功能、建立知识链的第三方信誉评级体系三个角度为知识链知识共享策略提出了建议。

（4）知识链风险管理研究。魏奇锋、张晓青、顾新（2012）[⑥] 基于模糊集理论与风险矩阵，对知识链组织之间知识共享风险进行了分析与评估，得到六类典型风险的重要性等级，并使用 Borda 序值法对风险进行排序，为防范与控制知识链组织之间的风险提供了依据。肖

---

① 程敏，余艳. 基于演化博弈论的知识链组织间知识共享研究 [J]. 科技管理研究，2011（4）：145 – 148.

② 余春兰，顾新. 知识链组织之间的知识共享 [J]. 中国科技资源导刊，2012（1）：46 – 53.

③ 张省，顾新，张江甫. 基于动态能力的知识链知识形成：理论构建与实证研究 [J]. 情报理论与实践，2012（11）：34 – 38.

④ 吴绍波. 知识链组织合作创新的知识互惠机制研究 [J]. 中国科技论坛，2013（3）：109 – 111.

⑤ 张省. 知识链知识共享的信誉问题研究 [J]. 科技管理研究，2014（22）：129 – 133.

⑥ 魏奇锋，张晓青，顾新. 基于模糊集与风险矩阵链组织之间知识共享风险评估 [J]. 情报理论与实践，2012（3）：75 – 78.

玲诺等（2013）^① 指出知识链运行过程潜藏着知识共享不足、知识转移融合不良、知识转型升级定位不准等风险。并指出，战略联盟是产学研知识创新联盟最好的模式。程强、顾新（2014）^② 基于 COSO 的《企业风险管理框架》，从制定知识链知识转化风险应对策略、开展知识链知识转化风险控制活动、促进知识链信息的沟通、对知识链知识转化风险管理进行监控等八个方面提出了知识链知识转化的风险防范策略。

（5）知识链成员合作创新研究。吴绍波、顾新、周全（2012）^③ 研究了知识链组织合作创新过程中信息对称和信息非对称条件下的最优激励契约。研究表明：信息对称条件下代理组织知识投入的努力程度更高，核心企业可以获得更高的收益。王梓蓉（2014）^④ 研究和分析知识链节点企业间的协同创新过程，继而通过构建协同创新均衡过程模型，探索知识溢出系数、创新系数的变动对均衡结果的影响。施宏伟、康新兰（2015）^⑤ 通过知识节点协同创新过程描述，研究了知识节点集群中心度的提升过程与机制，构建了知识链联盟创新激励条件，进而根据协同创新节点努力水平，探索了协同创新的最优激励条件，并提出了通过创新节点激励，促进知识创新节点协同关系优化和区域创新水平全面提升的对策建议。汤伶俐（2016）^⑥ 基于博弈模型分析了知识链组织合作创新过程中的激励契约及知识吸收能力的激励

---

① 肖玲诺，史建锋，孙玉忠，于瀚. 产学研知识创新联盟知识链运作的风险控制机制 [J]. 中国科技论坛，2013（3）：115 – 120.

② 程强，顾新. 基于 COSO 风险管理的知识链知识转化风险防范研究 [J]. 图书馆学研究，2015（5）：45 – 48.

③ 吴绍波，顾新，周全. 不同信息条件下知识链组织合作创新的最优激励契约研究 [J]. 科学学与科学技术管理，2012（2）：63 – 66.

④ 王梓蓉. 知识链节点企业间的知识溢出过程与协同创新研究 [J]. 中国科技资源导刊，2014（1）：69 – 75.

⑤ 施宏伟，康新兰. 基于知识链的集群中心度与协同创新激励条件研究 [J]. 科技进步与对策，2015（16）：135 – 138.

⑥ 汤伶俐. 知识链组织合作创新的激励契约研究 [J]. 知识经济，2116（17）：79 – 80.

效率，研究表明：固定报酬加分成模式对知识链组织的激励是次优的，而每单位产品的支付对合作组织的努力（知识投入）形成强激励。

（6）知识链成员间合作模式研究。李健、杜亮（2015）[①] 指出识链组织在合作过程中有核心企业主导和代理组织主导两种不同的权力结构，通过研究表明，在两种权力结构中，代理组织的单位创新产品的报酬与创新的边际成本正相关，与创新所获得的技术能力增长收益负相关；核心企业的最优边际利润与代理组织创新的边际成本负相关，与代理组织创新所获得的技术能力增长收益正相关。在代理组织主导下，代理组织的报酬比核心企业主导高，核心企业的边际利润较核心企业主导情形低，反之亦然。

总的来说，目前对于知识链的研究正在朝多个方面展开，但对于知识链风险的研究较少，且同时存在以下不足。

（1）缺乏对知识链风险管理的系统研究。目前，对知识链风险的研究较少，即使有个别的研究者，其研究也主要局限于对知识链风险管理的某一方面或某一阶段的研究，缺乏全面的、系统的研究。

（2）缺乏对知识链风险管理相关概念的研究。虽然也有个别学者指出组织间的知识管理存在较大的风险，但并没有对其进行深入的研究，也没有给出相关的概念。

（3）缺乏对知识链风险影响因素的综合分析。虽然也有不少学者对影响知识链风险的因素做了一定的分析，但都只是停留于对某一个方面风险因素的分析，如由知识特性引起的风险，缺乏综合的、全面的对风险影响因素的分析。

（4）缺乏对知识链风险的全面识别。当前，虽然也有学者识别出了知识链中可能存在的某一种或某几种风险，但这种识别不够全面，远远没有识别出知识链中可能存在的各种风险。

---

① 李健，杜亮. 基于权力结构差异的知识链组织的合作契约研究 [J]. 科技管理研究，2015（18）：197–200.

（5）缺乏对知识链风险的定量评估研究。对于知识链风险的定量评估，可以说到目前为止是一片空白。目前学者们对于知识链风险评估的研究，还主要停留在定性研究阶段。

（6）缺乏对知识链风险管理的定量处置措施。对于知识链风险的定量处置措施的研究非常少。目前学者们对于知识链风险处置的研究，还主要停留在定性研究阶段。

（7）缺乏对知识链风险管理的实证研究。尽管国内外有许多组织间已经构建了知识链，但对于组织间知识链的实证研究却很少。

2.4　本章小结

从目前所收集的国内外文献来看，虽然对合作组织的风险管理和知识传播、共享和创造的风险研究取得了一定的进展，但还存在以下问题有待解决，主要表现在：

（1）对合作组织风险评估的方法虽然有很多，但大多都存在一个明显的问题，即只对原始输入数据的客观性、准确性进行探讨与处理。

（2）缺乏对合作组织的风险提出定量控制措施。目前对合作组织风险定量研究，大多集中在对风险的评估上，虽然也有学者对控制措施也作了一定的定量研究，但这种研究大多集中在供应链领域。

（3）缺乏对合作组织风险控制措施的系统研究。目前，对合作组织风险控制的研究多是针对某一种特定风险展开的，而不是针对系统中存在的所有风险。

（4）对知识传播、共享和创造的风险研究虽然也有一些定性和定量的研究，但对于知识链组织间的知识传播、共享和创造的风险管理研究几乎是空白。

3

知识链及其风险管理概述

3.1 知识链概述

3.1.1 知识

3.1.1.1 知识的含义

知识到底是什么，目前有很多的定义。如在《中国大百科全书·哲学》中指出①，"所谓知识，可以从两个方面来理解，一方面，从它反映的内容来看，是客观事物的属性与联系的反映，是客观世界在人脑中的主观映象；另一方面，从它反映的活动形式来看，或表现为主体对事物的感性知觉，属于感性知识，或表现为事物的概念或规律，属于理性知识。"从这一定义可知，知识是主体和客体相互统一

---

① 吴小叶. 从知识含义理解视角的变化看教学评价改革 [J]. 四川教育学院学报，2007，23（4）：15-17.

的产物，知识来源于外部客观世界，知识是客观的；但是知识本身并不是客观现实，而是客观世界在人脑中的反映，是客观事物的一种主观表征，知识是在主体和客体相互作用的基础上，通过人脑的反映活动而形成的。这一定义为我们了解知识的内涵提供了哲学基础。[①]

我们认为，在理解知识的含义时，有必要把作为人类社会共同财富的公有知识与作为个体头脑中的私有知识区分开来。人类社会的公有知识是客观存在的，但个体头脑中的私有知识并不是客观现实本身，而是个体的一种主观表征，它存在于个体的大脑中，它既包括感觉、知觉、表象等，又包括概念、命题、图表、公式，它们分别表示着个体对客观事物反应的不同广度和深度，这是通过个体的认知活动而形成的。一般来说，存储于个体大脑之中的知识以从具体到抽象的层次网络结构（认知结构）排列，哲学主要对人类社会共有知识的性质进行研究，心理学则主要对个体私有的知识的性质进行研究。[②]

3.1.1.2 知识的特征

知识具有以下特征。

（1）共享性。知识具有公共物品属性，就其本性而言是非竞争性的。知识一旦被创造出来，可以方便任何人使用。人们能够通过语言、书籍、音像制品及网络等多种媒体学习各种知识和技术，并将所学到的知识应用于实践，因此知识具有共享性。[③]

（2）部分排他性。由于一些知识或技术成果是个人或组织付出很大的代价才取得的，如创造、发明，创造发明者对这些知识的使用拥有特权，尽管这些知识能够通过一定的载体，如书籍、杂志、计算机

---

① 曹文彪. 知识与作为习惯的文化：含义与区别 [J]. 中共浙江省委党校学报，2007（3）：64 - 70.

② 陶冶，鲁若愚. 企业知识流动浅析 [J]. 成都信息工程学院学报，2002，17（3）：213 - 217.

③ 方凌云. 企业之间知识流动的方式及其测度研究 [J]. 科研管理，2001，22（1）：74 - 78，44.

软件保存或分离，但同时，发明者可以通过申请专利等知识产权保护措施和相关的法律排除他人任意使用。因此知识具有部分排他性。①

（3）累积性。知识的累积性决定了知识流动的效率。对于个人和组织来说，知识的接受取决于在现有知识基础上容纳新知识的能力。在知识分工下，绝大多数个人和组织将沿着比较优势的方向积累知识，这种积累又将进一步提高接受者对相关知识的识别能力和吸收能力，降低知识的搜寻成本和学习成本，进一步强化获取不同知识的比较优势。②

（4）时效性。知识存在老化问题，受时间限制。人类对自然、社会、思维规律的认识有一个过程，随着认识的不断深入，人类掌握的某些知识会失去使用价值，而被其他知识替代。

（5）复杂性。虽然显性知识可以以语言、文字、图像等形式表现出来，但有些知识很难理解和学习，要理解这些知识需要掌握很多的相关知识作为基础。即使是理解了该知识，也可能只是停留在其表面，知其然，不知其所以然，因此知识具有复杂性。③

（6）隐含性。知识有隐性知识和显性知识之分，其中显性知识是指能用图片、文字等介质存放的可以看得见的知识；而隐性知识是指存在于人脑中的难以用有形介质存放的知识。由于隐性知识是主观知识，通常以个人经验、印象、感悟、团队的默契、技术诀窍、组织文化、风俗等形式存在，而难以用文字、语言、图像等形式表达清楚，因此难以流动和传播，具有隐含性。④

（7）难以度量性。知识是一种无形资产，它不像厂房、设施等有形资产一样容易度量，知识的度量一般相当困难，也没有一个统一的

---

①② 顾新. 知识链管理——基于生命周期的组织之间知识链管理研究 [D]. 成都：西南交通大学，2004.

③ SUSAN K. McEVILY, BALA CHAKRAVARTHY. The Persistence of Knowledge Based Advance：an Empirical Test for Product Performance and Technological Knowledge [J]. Strategic Management Journal, 2002 (3)：285 – 305.

④ 胡晓灵，张红. 知识管理：内涵、对象与实现途径 [J]. 企业经济，2002 (6)：85 – 86.

度量单位，因此知识具有难以度量性。

（8）专用性。由于有些知识植根于组织之中，即使是竞争对手挖走了掌握该知识的核心员工，但它始终不能完全获得该知识。因为该知识是组织全体员工在组织特定环境中共同努力的结果，由于竞争对手不可能复制与组织完全相同的内部环境和员工，因此难以完全获得该知识，该知识具有很强的专用性①。

3.1.2 知识链

3.1.2.1 知识链的含义、特征、类型

知识链是由两个或两个以上拥有不同知识资源的组织构成，以知识为纽带，通过知识在成员组织之间高效传播、共享而形成的链式结构。知识链的目的是实现知识的共享。知识链具有以下七个方面的特征。②

（1）不确定性。作为一种合作组织，知识链具有高度不确定性。这种不确定性不仅表现在知识链所处的外部环境的不确定性，更主要是表现为知识链自身的不确定性，如知识链的构成成员的不确定性，知识链实际共享知识的不确定性以及知识链合作时间的不确定性等。

（2）复杂性。知识链通常由众多的拥有不同知识的组织构成，同时一个组织可能同时参与多条知识链，以它为纽带，众多的知识链构成相互交错的、复杂的知识巢。因此，知识链的组织结构非常复杂；同时，知识链的知识共享过程、激励机制、利益分配机制等都非常复杂，知识链是一个复杂的合作组织。

（3）动态性。知识链中组织之间的知识共享是一个持续的、动态

---

① 顾新. 知识链管理——基于生命周期的组织之间知识链管理研究 [D]. 成都：西南交通大学，2004.

② 顾新，李久平，王维成. 知识流动、知识链与知识链管理 [J]. 软科学，2006，20（2）：10－12.

变化的过程。随着知识链内部环境和外部环境的不断变化，知识链中流动的知识也在不断地变化；同时，作为知识链中的一员，由于知识不断地输入与输出，知识链成员组织自身也在不断地发生变化。总的来说，知识链及其成员组织处于不断的变化之中，因此知识链具有动态性。

（4）价值增值性。知识链中的知识流动不仅可以实现知识在不同组织间转移，同时还可以实现知识的增值。获得知识的一方因为有了新知识的支持，在将这些新知识与自己已有知识相结合的基础上，很快创造出了更新的知识，从而实现了知识的增值。同时，拥有该知识的成员组织也实现了自我能力的增值，因此知识链具有增值性。①

（5）非法人性。知识链只是一个临时性的合作组织，它不需要到工商部门注册，不具有法人性，它是在市场机遇基础上组建起来的，同时它也会伴随市场机遇的消失而解体。

（6）契约性。知识链是在合作契约的基础上建立起来的临时性组织。合作契约是知识链运作的基础和前提，如果没有契约，这些组织就不能很好地有效共享他们的知识。知识链的契约主要包括知识链成员组织之间的知识共享程度、内容、方式、时机以及知识产权的分配等。

（7）界限模糊性。知识链突破了传统企业的有形的界限，由一些具有不同知识资源的企业、科研机构甚至竞争对手组成。它们以各自的独特知识为纽带组成一个临时网络。因此，知识链不是法律意义上完整的经济实体，它没有固定的组织结构和众多的组织层次，组织界限趋于淡化和模糊。

依据不同的标准，知识链可被划分为如下类型。②

（1）根据合作期限的长短，知识链可分为：短期知识链和长期知

---

① 常荔，邹珊刚，李顺才. 基于知识链的知识扩散影响因素研究［J］. 科研管理，2001，22，（5）：122－127.

② 顾新. 知识链管理——基于生命周期的组织之间知识链管理研究［D］. 成都：西南交通大学，2004.

识链。短期知识链合作期限较短，通常着眼于尽快获得合作伙伴已有的知识，以便自己快速形成新的知识，然后合作便可以终止；长期知识链合作期限较长，通常着眼于与合作伙伴建立长期的合作关系，在一个相对较长的时间内互相转移知识，以便共同进步。

（2）根据参与知识链的主体之间的关系，知识链可分为：纵向知识链、横向知识链和混合知识链。纵向知识链是指由业务上具有上、下游关系的组织之间建立的知识共享关系；横向知识链是指由具有相同或相似业务的组织构成的知识共享关系。混合知识链是既包括横向知识链，又包括纵向知识链的复杂知识链。

3.1.2.2 知识链的相关理论

（1）交易成本理论。交易成本，就是在一定的社会关系中，人们自愿交往、彼此合作达成交易所支付的成本。最初的交易成本理论主要将注意力集中在市场和企业两种极端的组织模式上，而忽略了其他中间的以及混合的组织结构，如合作组织、虚拟企业等。后来，一些经济学者开始对交易成本理论做了改进，提出三种合理的组织结构：市场、企业和网络。并进一步提出，一个组织究竟该采用市场、企业还是联盟的组织模式，要由当时的市场环境、组织自身的实力等多种因素决定。

（2）产业组织理论。产业组织理论主要从技术的溢出效应的角度对企业是否采用合作行为作了一定地分析。产业组织理论指出：当企业中不存在技术溢出时，市场（非合作策略）可能更适合于它的发展；而当企业中存在技术溢出时，进行合作可能会比市场要好得多，因为这样做可能会产生协同效应等。①

（3）合作竞争理论。合作竞争理论是20世纪90年代以来产生的一种新型的企业管理理论，合作竞争理论指出，对大多数企业来说，完全通过损害其他企业而使自己获利的时代已经过去，现在需要的不

---

① 任伶．基于知识管理的企业间合作创新研究［D］．吉林：吉林大学，2009.

仅是不同组织间的竞争，更需要的是它们之间的合作。因为单个企业的资源是非常有限的，它要想获得持续成功，要想对现代市场做出快速、准确的反应，就必须与其他组织合作，大家共同进步，而非采取损人的行为，与其他企业争个你死我活。随着竞争环境的不断变化，越来越多的企业感到，仅靠自身的资源求得发展是非常困难的，只有与他人不断地合作，才可能取得成功。合作的目的不是与竞争对手"争夺"市场，而是努力与竞争对手共同创造一个更大的市场并共享这一市场。

（4）企业核心能力理论。企业核心能力是指企业自己独有的，能够给企业带来收益的、其他企业难以学习和模仿的能力和资源，企业核心能力通常是与知识相关的资源。因为知识本身具有特殊性，只有以知识为基础的核心能力才可能持续下去。企业通常用两种方法来获得自身的核心能力：一是通过企业自身的不断努力，不断学习和不断积累，这种方法获得核心能力的速度通常要慢一些；二是通过企业间的合作获得核心能力，这种方法主要是通过向成员组织的学习和与成员组织共享知识和技能获得。而当前，很多企业主要通过合作的方式来获得自己的核心能力。①

（5）博弈论理论。目前，博弈论被广泛应用于管理学领域。博弈论的基本观点认为：企业行为不仅取决于市场结构这种客观事实，还取决于某企业对自己行为可能引致的其他企业反应行为的估计。由此，企业行为的决定不再只是一种客观的经济决定，而与当事人的心理预期紧紧地联系在一起。尤其是这些企业组成合作组织时，更是如此。因此，很多学者用博弈理论来研究企业间的合作行为。

3.1.3 知识转移、共享和创造

在知识链中，为实现知识链的目的，其成员组织之间相互间传播

---

① 谷力勇. 基于技术战略联盟的合作 R&D 机制研究 [D]. 秦皇岛：燕山大学，2007.

知识，进而达到知识互换、知识增值并产生新知识、新产品、新发明。

3.1.3.1 知识转移、共享和创造的过程

（1）Szulanski 模型。[①] 知识转移、知识共享表面上看是一种行动，但这种行动通常又是由几个不同的过程组成的。Szulanski 模型将知识转移的过程划分为发起、实践、加速和整合四个阶段，具体如下。

①发起阶段。发起阶段主要是对知识转移发起方及知识转移的所有影响因素的分析。知识转移发起方既可能是知识接受者，同时也可能是知识提供者。该阶段的主要影响因素有：知识的隐含性、难以表达性、专用性、知识提供者和知识接受者之间的相互信任度等。在知识链中，知识的转移与共享的发起较容易发生，因为知识链构建的目的就是为了转移、共享知识。

②实践阶段。当知识转移、知识共享行为被发起以后，实际上也就开始进入了知识转移与共享的实践阶段。在这一阶段，知识在知识提供者和知识接收者之间流动。当被转移的知识能被知识接受者熟练使用时，实践阶段结束或被减弱。这一阶段的关键是维持知识提供者和知识接受者的亲密合作关系，以促进知识的高效流动。

③加速阶段。该阶段从知识接受者第一次使用来自知识提供者的知识开始。知识接受者对所获得的知识进行消化、吸收，并将他们加以重新使用。通常情况下，在知识提供者的帮助下，知识接受者对获得的知识的使用效率一步步地提高，最终达到一个不错的水平，同时在这一过程中，知识被一点点地创造。在加速阶段，值得重点关注的问题是发现意外事件并努力去解决这些意外事件。

④整合阶段。在这一阶段，被使用的新知识开始取得较为满意的成果，并逐渐成为新的惯例。值得注意的是，这一阶段并不是知识转移、共享和创造的结束，而可能是进入新一轮的知识转移、共享与创

---

① 肖小勇. 基于企业网络的组织间知识转移研究 [D]. 长沙：中南大学，2005.

造。因此，知识链、知识转移、共享和创造的四个阶段如图 3-1 所示。

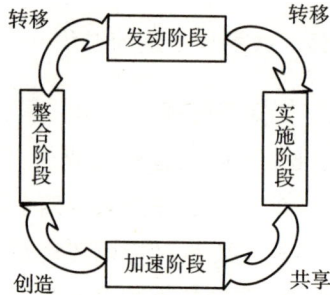

图 3-1　知识转移阶段

需要指出的是，这四个阶段并不是严格独立的，也并不是严格按照先后顺序发生的，它们有时按序发生，有时又是同时发生的。其中的知识转移、共享和创造的发生也不是严格按照图 3-1 所示发生的，它们可能在这四个阶段中共同发生，也可能只发生在其中之一或之二。

（2）南希·M·狄克逊模型。南希·M·狄克逊从知识接受者的特性、知识转移任务的特性和被转移知识的特性三个方面对知识转移过程作了分析。他将知识转移分为五类，这五种类型分别是：重复转移、相似转移、隐含知识转移、战略转移和专家转移，具体如下。①②

①重复转移。重复转移是指一个团队在某一背景下完成某项工作后在新背景下重复完成这一工作。例如一个维修 DELL 电脑的团队在四川大学维修完电脑之后，又在西南科技大学继续维修 DELL 电脑。在重复转移中，知识的提供者和知识的接受者是同一个实体。重复转移可以有效地提高知识转移速度和效率。

②相似转移。相似转移是指两个团队在两个不同但具有一定相似

---

① 肖小勇. 基于企业网络的组织间知识转移研究 [D]. 长沙：中南大学，2005.
② 汤中彬. 管理咨询服务的知识转移和知识整合模式研究 [D]. 吉林：吉林大学，2008.

性的环境中做类似的工作。相似转移的知识提供方和知识接受方是两个不同的团队，且他们在不同的地方工作，但他们的工作环境和工作性质具有很高的相似性，因此他们之间常常转移和共享知识。相似转移可大大节约组织的成本。

③隐含知识转移。隐含知识转移指将难以表达的隐含知识从知识提供方转移到知识接受方的知识转移系统。由于被转移的隐含知识主要存在于知识提供方成员的大脑中，它们难以被具体的描述并写成可供大家交流的文字、图片等，因此知识提供方成员与知识接受方成员必须面对面的沟通，以便转移这些隐含知识。隐含知识转移系统能够充分地发挥那些掌握隐含知识的成员的潜能。

④战略转移。战略转移指在两个不同的团队之间转移、共享非常复杂的知识。在战略转移中，两个团队不仅在时间上是有差异的，他们在空间上也是不同的。战略转移与隐含知识转移的不同在于转移的知识对整个系统的影响的大小。通常情况下，战略转移影响的系统的范围要比隐含知识转移影响的范围要大得多。同时，对于整个知识转移过程来说，战略转移举足轻重，它不是简单的经验的转移，而是涉及相当多的复杂转移要素。

⑤专家转移。专家转移过程是一个偶尔发生的知识转移过程，且该过程中所转移的知识是很明晰的知识，通常不是隐含知识。如某人发 QQ 信息给专家，询问如何在 WORD 文档中插入交叉索引，并得到明确的指导。在专家转移中，所需转移的知识能通过文字、图片、公式等清楚的描述，因此只要注意知识转移过程中表达的清楚性即可。

在一个知识链中，既可能存在 Szulanski 提出的四个阶段的知识转移，又可能存在南希·M·狄克逊模型提出的五种类型的知识转移中的一种或多种或全部，知识链知识转移、共享直至创造是一个非常复杂的过程。

（3）知识链知识转移、共享模型。基于以上对知识转移过程的分析，同时结合知识链自身的特点，笔者提出了一个知识链知识转移的"混合模型"。所谓的混合模型，是指在知识链知识转移中，既有外部转移，又有内部转移。其中，外部转移是指知识链不同成员之间相互转移并共享知识；所谓内部转移是指共享知识在各成员组织内部被消化、吸收并创新。知识链知识转移、共享共包含四个阶段。①

第一阶段，外部转移阶段。知识链构建的目的就是为了共享成员组织之间所拥有的不同知识。因此，从知识链形成之初开始，成员组织之间就会大量共享自己所拥有的、应该与其他组织共享的知识。在这一阶段，知识链中每一个成员组织都会或多或少的提供被共享的知识，同时也会或多或少的从其他组织那里获得知识。

第二阶段，内部转移阶段。当知识链成员组织通过外部转移阶段，从其他合作组织那里获得共享知识后，便开始自我消化吸收，把这些知识真正变成自己的知识，这是知识的一个内化的过程，同时也是一个去伪存真的过程。通过这一过程，知识链成员组织将共享来的知识与自己的目标等相比较后，留存和提炼与自身目标、能力、战略等相一致的知识，并把它们快速转化成自己的知识，以便今后能熟练应用，而对于不一致的知识，则先将它们放置一边儿，看将来是否会有用。

第三阶段，合作创新阶段。在经过外部转移和内部转移之后，知识链成员组织基本上获得了它们所需要的知识，并能够熟练应用这些知识，因此为了提高自己的竞争能力，它们可能尽可能的将这些知识应用到新的创新中去，使这些知识得到进一步的应用，进而可能产生更新的知识，如此反复，周而复始。

第四阶段，诉求阶段。在这一阶段，知识接受者对获得的知识进行评估，这种评估可以是自我评估，也可以请专家评估。评估的目的是为了检验在这次知识链合作中，所获得的知识的种类和知识量是否达当时参与知识链的目标，以便为下一步的知识共享计划提供指导。

完整的知识链知识转移、共享的过程是外部转移、内部转移、合作创新和诉求这四个阶段不断循环的过程。每一次循环都会在一定程

---

① 任伶. 基于知识管理的企业间合作创新研究［D］. 吉林：吉林大学，2009.

度上促进知识的转移与共享，同时增加各成员所拥有的知识量。

3.1.3.2　影响知识链中知识传播、共享、创造的因素

影响知识链知识共享效果的客观因素包括合作伙伴的吸收能力、知识的特性、沟通与信任、文化和组织差异等。[1][2]

（1）知识提供者的知识转移能力。知识提供者是知识流出的开端，每一个参与知识链的成员组织都承担着提供知识的义务。知识提供者转移知识的能力对知识转移的效果起着重要的作用。当知识提供者有较强的知识编码能力，能够将自己所拥有的、准备转移的知识清楚的表达给知识接受者时，知识转移的效果通常较好；反之，如果知识提供者知识转移能力差，不能将转移的知识清楚的表达时，该知识就难以被知识接受者领悟，知识转移的效果就相对较差。

（2）知识接受者的知识吸收能力。当知识链成员组织吸收来自其他组织的知识时，他便是知识接受者。知识接受者的知识吸收能力对知识转移的效果有很强的影响，这种能力主要受知识接受者已有的知识、知识接受者的学习能力和知识接受者内部文化等因素的影响。知识接受者对知识的吸收能力越强，知识转移的效率越高；反之，效率越低。

（3）知识转移的媒体。知识转移媒体主要包括面对面沟通、电话沟通、网络沟通等。其中，面对面沟通的效果最好，这主要是因为面对面沟通可以综合应用脸、手、眼等多种肢体语言，表达形象、逼真，易于接受。知识转移媒体选择恰当与否会直接影响知识转移的程度。对于模糊性高的隐含知识，应选择面对面沟通的方式转移；而对于模糊性低的显性知识，则可利用转移成本低、转移速度较快且传播范围广的信息系统等来移转知识。媒体选择正确与否将直接影响接受者对新知识的吸收程度。

---

① 肖小勇．基于企业网络的组织间知识转移研究［D］．长沙：中南大学，2005．
② 周敏．跨组织知识管理理论与方法研究［D］．武汉：武汉理工大学，2006．

（4）知识本身的特性。知识本身具有隐含性、复杂性和难以量化性等特性，这些特性会影响知识从知识提供方转移到知识接受方的难易程度，会影响知识提供方对知识的编码能力，会影响知识接受方对知识的解码能力。而这些都会影响知识转移的效果。通常，越隐含、越复杂、越难以量化的知识，越难被合作伙伴吸收。

（5）知识转移的环境。知识是特定环境下的产物，知识链组织间的知识转移是在知识链这一合作组织的大环境中进行的，转移环境对知识转移效果有深远的影响。知识转移环境包括组织的文化、战略、管理制度、已知知识等。只有在合适的环境中，知识才能够高效转移，就像一棵橘树，只有在适合它生长的南方环境中，它才能开花结果；而在寒冷的北方环境中，它却无法生存。

（6）知识链结构。知识链的结构对知识链整体的知识传播与共享有着重要的影响。知识链的结构特性主要包括知识链联系的性质、知识链规模、知识链的种类。知识链联系的性质主要指成员组织间联系的强度；知识链规模是指知识链中成员组织的数量；知识链的种类指知识链是纵向的还是横向的，以及知识链所涉及的行业等一些要素。

3.1.3.3 推动知识链中知识转移、共享、创造的策略

（1）营造和谐、友善的环境氛围。根据知识特别是隐性知识的特性，知识转移、共享需要知识链成员之间经常的会面与接触，并在一种自愿平等、轻松自由、相互信任的环境中才能顺利开展并长久地持续下去。从理论上说，最适宜知识转移与共享的环境应该是信任、平等、合作与奉献的氛围。因此，营造和谐、友善的社会环境氛围是提高知识转移效率、推动知识共享的重要一环。

（2）充分利用现代信息技术推动知识转移。现代信息技术提供了更多的知识转移和知识交流的机会。通过构建完善的信息共享平台，如知识库、知识管理系统、网络聊天室、BBS 论坛等；通过各种不同手段的使用，提高不同的知识接受者发送复杂知识的能力，可以促进知识转移。电子邮件系统、办公自动化系统、网络平台、新型网络软

件如 Blog（博客）等，正慢慢改变着人们的联系方式。利用信息技术提供多种渠道、多种方式的知识转移媒介，丰富知识转移的途径，成为推进知识转移、共享的主要方式。①

（3）选择合适的知识转移方法。知识特性决定知识转移的方法。显性知识和隐性知识具有不同的特性，适用的知识转移方法也不同。显性知识可以通过网络传递、间接学习的方法实现转移；隐性知识的转移则要通过"干中学"或者拥有隐性知识的人直接传授而获得。为了提高知识转移的效率，应该针对不同的知识选择不同的转移方法。

（4）加强成员企业间的信息沟通和交流。利用网络信息技术，通过多种方式加强企业之间的沟通，提高行为与决策的透明度，以消除隔阂，增进彼此之间的了解与信任。同时，还应制定合理的信息与技术协议及对知识产权、技术商业秘密的保护协议，以维护成员组织的合法权益，避免可能的冲突。

3.2　知识链风险

3.2.1　知识链风险的含义

近几年来，由于技术的迅猛发展、消费者偏好的快速变化、战争、流行病等的威胁，单个企业独立经营的风险越来越大。为了节省成本、加快新知识研发的速度，由多个组织共同参与的知识链变得越来越长，地理分布越来越分散，如果一个链接组织出现突发事件或不守约行为，将会通过这条复杂的知识链影响到知识链上其他所有的组织，造成与既定的协议目标的偏差或知识链的中断或终止，从而产生知识链风险。但知识链风险是一个比较新的概念，目前还没有形成统

---

① 邓灵斌. 社会关系视角下的知识转移策略研究［D］. 武汉：武汉大学，2008.

一的认识，笔者认为，知识链风险是指由知识链所处的外部环境的变化、合作组织的特性和知识本身的特性等引起的、导致知识不能在知识链成员组织间有效流动、共享和创造，造成合作结果与知识链协议目标的偏差或知识链的中断或终止的风险。

3.2.2　知识链风险产生的理论依据

笔者认为，知识链风险产生的理论依据主要有：交易成本理论、资源依赖理论、博弈理论和社会困境理论。下面对这四种理论作一简要总结。①

（1）交易成本理论。知识链合作过程中机会主义行为不可避免，这会降低双方的信任程度以及合作水平；为了减少投机行为而采取的完备的契约、监督和控制等措施增加了知识链的交易成本，当交易成本上升到足以抵消知识链可能带来的收益时，知识链风险将不可避免。主要代表人物是古拉缇（Gulati，1995）。

（2）资源依赖理论。知识链是基于知识互补，其管理的重点是尽量降低自身对知识链伙伴的依赖程度，知识链双方力量的对比、依赖程度的变化很容易引起知识链结构的变化，当一方取得了想要的知识之后或者得到其他获取知识的渠道时，就会主动退出知识链。尤其在环境较为不稳定的情况下，知识链解体的可能性就更大。主要代表人物是英科朋（Inkpen，1997）。

（3）博弈理论。知识链成员可以通过欺骗对方取得超过双方合作所带来的收益，在这种情况下个体理性与集体理性会发生背离，知识链将会很不稳定。另外，由于信息不对称，为了防止对方选择欺骗或者背叛给自身带来损害，而采取较为消极的合作态度，降低投入水平，知识链伙伴也会随之降低合作的积极性使得知识链变得不稳定。

---

① 蔺丰奇，刘益. 知识联盟的不稳定性及对策分析 [J]. 科学管理研究，2007，25（1）：57–60.

主要代表人物是帕克（Parkhe，1993）。

（4）社会困境理论。知识链中存在竞争性的和合作性的行为选择平衡问题。产生这一冲突的根本原因在于知识链的价值是一个公共物品，由于贪婪和担忧的存在，合作者都不会在知识链中分享过多的知识；同时，对于可能形成的潜在竞争者的担忧使得合作者尽力去阻止知识的共享和交流，这就破坏了知识链的价值创造，也动摇了知识链的合作基础。主要代表人物有哥瑞莫（Cremer，1999）。

3.2.3　知识链风险的特征

尽管知识链能带来诸多好处，但知识链中的各成员组织毕竟是市场中的独立存在的经济实体，彼此之间必然存在潜在利益冲突和信息不对称。在这种不稳定的系统内，各成员组织需要通过不完全契约和无形的道德约束来彼此约束，这使得知识链风险存在必然性，且这种风险与单个组织的风险有很大不同。知识链风险除了客观必然性外还具有以下特征。

（1）传递性。传递性是知识链风险最显著的特征，也是由知识链自身特性所决定的。知识链是一个由众多组织构成的网络形式。各成员组织之间环环相扣，相互依赖、相互影响，任何一个成员组织出现问题，都可能波及知识链中的其他组织，进而影响整个知识链的正常运作。最具代表性的是"牛鞭效应"，一般来说，知识链越复杂，"牛鞭效应"越严重。①

（2）多样性。作为一种合作组织，知识链从构建起就不仅要面对单个组织要面对的风险，如市场风险、资金风险等；还要面对合作组织风险，如信用风险、文化差异风险等；因此知识链风险相比一般组织的风险，种类更多、范围更广。

---

① 程国平，邱映贵.供应链风险传导模式研究 [J].武汉理工大学学报，2009（4）：36－41.

（3）放大性。知识链的合作过程涉及众多组织，各组织之间的关系存在着不稳定性，与外部环境的不确定性相互作用会引起"风险共振"行为，导致风险加大。

（4）博弈性。知识链中各成员组织仍是独立的市场主体，存在着不同的利益取向，为了实现自身利益的最大化，彼此之间会进行激烈的博弈，以争取获得更多的知识。

（5）动态性。知识链中某些风险因素会随着时间的变化而变化，知识链应该关注这些变化，并调整与之相关的风险控制手段。

（6）关联性。在知识链中，存在着众多的风险，并且这些风险并不是一种简单的组合，而是存在着错综复杂的相互关联。

（7）必然性。无论是自然界中的各种灾害，还是社会领域中的冲突、战争、过失及其他意外事故，都不以人们的主观意志为转移而客观存在，它们的存在和发生就整体而言是一种必然的现象。知识链风险也不例外。①

3.3　知识链风险管理

知识链风险管理是研究知识链风险发生规律和风险控制技术的一个系统过程，通过对知识链风险的识别、评估、处置和监控，以有效地降低知识链风险发生的概率或造成的损失，保证知识链的成功运作。

知识链风险管理一般包括以下五个步骤。

（1）设定风险管理的目标。知识链风险管理的目标是有效地降低知识链中存在的各种风险，以保证知识链的成功运作。

（2）风险识别。运用多种手段识别知识链中可能存在的各种风险，并分析产生这些风险的根源。

---

① 易海燕．供应链风险管理与控制研究［D］．西安：西安交通大学，2004．

（3）风险评估。以识别出的各种风险为基础，对他们进行量化评估，以为下一步风险处置提供一定的依据。

（4）风险处置。风险处置是指降低知识链风险的措施。一般有四种策略可以选择：风险规避、风险自留、风险控制和风险转移。

（5）风险监控。对知识链风险管理的效果进行监控，以实时调整风险管理措施，确保知识链风险管理的成功。

3.3.1 知识链风险的识别

知识链风险的识别是知识链风险管理的首要步骤，是指应用各种方法系统地、连续地对知识链所面临的及潜在的风险加以判断、归类从而确定知识链风险产生的根源和各种风险的过程。必须强调的是，风险识别不仅要识别所面临的风险，更重要的、也更困难的是对各种潜在风险的识别。通过风险识别，了解面临的各种风险，目的是为了便于评估风险的大小，从而有利于采取最佳的风险控制方案。

处理风险因素最有效的阶段是早期认识，尽管不是所有的风险在知识链构建阶段就会发生。但风险识别应该从知识链的构建阶段开始。若等到风险事件发生后，再采取控制行动，对知识链的运作影响就会更大。另一方面，由于影响知识链风险的因素常常会发生变化，因而风险也会随之发生变化。这就需要持续不断地去识别，随时发现原有风险的变化，以及可能出现的新的潜在风险。所以风险识别应该是一项持续性、制度性的工作。

3.3.1.1 知识链风险识别的特点

知识链风险识别具有以下特点。

（1）全体性。知识链风险识别是知识链全体成员参与并共同完成的任务。因为每个知识链成员在知识链中的活动都可能产生知识链风险，因此知识链风险识别应该是全员参与的活动。

（2）系统性。风险无处不在，无时不有，这就决定了风险识别的系统性，即在知识链组建、发展、解散等全部过程中都需要识别风险。

（3）动态性。风险辨识并不是一劳永逸的，根据知识链内外部条件、环境的变化情况，适时、定期进行知识链风险识别是非常必要和重要的。它必须贯穿于知识链全过程。

（4）信息性。风险识别需要做许多基础性工作，其中重要的一项工作是收集相关的信息。信息的全面性、及时性、准确性和动态性决定了风险识别工作的质量和结果的可靠度及精确度，风险识别具有信息依赖性。

（5）综合性。风险识别是一项综合性较强的工作，除了在人员参与、信息收集和范围等方面具有综合性特点外，风险识别过程中还要综合应用各种风险识别的技术和工具。①

3.3.1.2　知识链风险识别的方法

对知识链风险的识别，一方面可以通过感性认识和经验进行判断，另一方面，也是最重要的是必须依靠各种客观的会计、统计、经营资料和风险记录进行分析、归纳和整理，从而发现各种风险的损害情况和规律性。常用的方法有故障树、概率树、决策树、情景分析法、流程图分析法、头脑风暴方法、环境分析方法、问卷调查方法、德尔菲法、核查表法、系统分析法、风险统计记录法和现场视察法等。每一种风险识别的方法都存在一定的局限性，不可能揭示出知识链所面临的全部风险，因此必须根据具体情况将多种方法结合使用。

（1）故障树（Fault-Trees）法：故障树就是根据风险产生的原理、影响因素或各种风险之间的关系，画出一幅直观的风险关系图。故障树法是风险识别的有效工具。该方法通常利用树状图将知识链风险分层排列，这样会很容易找出所有的风险以及他们之间的关系。与故障树相似的还有概率树、决策树等。故障树分析的基本步骤如下：①熟

---

①　余海. 复杂系统风险管理探索式研究［D］. 成都：西南交通大学，2008.

悉知识链。深入了解整个知识链及与其相关的其他因素，绘制流程图；②调查。收集风险案例，进行风险统计，设想知识链可能发生的各种风险；③确定顶上事件。要分析的对象即为顶上事件。本书的顶上事件就是知识链风险；④调查原因。调查与风险有关的所有原因和各种因素；⑤画出故障树。从顶上事件起，逐级找出直接原因，直至所要分析的深度，按其逻辑关系，画出故障树；⑥风险命名。对故障树上的各种原因引起的风险命名，从而识别出知识链中可能存在的各种风险。在进行知识链风险识别时，不一定只是这6个步骤。在分析时可视具体问题灵活掌握，如果故障树规模很大，可借助计算机进行。

（2）德尔菲法（Delphi Method）：德尔菲法由专家和调查人员组成。参与德尔菲法的众多专家都匿名发表自己的意见，且专家之间不交流、不讨论，不互相影响。他们只与调查人员单线联系，通过几轮调查后，当专家的意见基本一致时，调查结束，并给出调查结果。德尔菲法的具体实施步骤如下：①确定专家。根据知识链风险研究所需要的知识，确定专家。专家人数一般不超过20人；②向所有专家提出对知识链风险识别的相关要求；③各个专家根据要求，并结合自己的知识，列出自己认为的知识链中可能存在的各种风险；④将各位专家第一次识别出的知识链风险汇总，归纳、整理，再发给各位专家，让他们分析自己同他人的不同，并调整自己的意见；⑤再次将专家修改后的意见收集起来，汇总，再分发给各位专家，以便做第二次修改。如此重复进行，直到每一个专家不再修改自己的意见；⑥在对专家意见进行处理的基础上，识别出知识链中可能存在的各种风险。①

（3）头脑风暴法（Brainstorming）：也称集体思考法，是以专家的创造性思维来索取未来信息的一种直观预测和识别方法。此法由美国人奥斯本于1939年首创，1953年后得到了广泛应用。头脑风暴法的要求：①组织形式。参加人数一般为5～10人，最好由不同专业或不

---

① 孔敏. 大型建设工程项目的风险分析和控制［D］. 青岛：山东大学，2005.

同岗位的人组成；会议时间控制在 1 小时左右；设主持人一名，主持人只主持会议，对设想不作评论。设记录员 1～2 人，要求认真将与会者每一设想不论好坏都完整地记录下来。②会议类型。设想开发型：这是为获取大量的设想、为课题寻找多种解题思路而召开的会议，因此要求参与者要善于想象，语言表达能力要强。设想论证型：这是为将众多的设想归纳转换成实用型方案召开的会议，要求与会者善于归纳、善于分析判断。③会前准备工作。会议要明确主题。会议主题提前通报给与会人员，让与会者有一定准备；选好主持人。主持人要熟悉并掌握该技法的要点和操作要素，摸清主题现状和发展趋势；参与者要有一定的训练基础，懂得该会议提倡的原则和方法；会前可进行柔化训练，即对缺乏创新锻炼者进行打破常规思考，转变思维角度的训练活动，以减少思维惯性，从单调的紧张工作环境中解放出来，以饱满的创造热情投入激励设想活动。④会议原则。为使与会者畅所欲言，互相启发和激励，达到较高效率，必须严格遵守下列原则：禁止批评和评论，也不要自谦；目标集中，追求设想数量，越多越好。鼓励巧妙地利用和改善他人的设想；与会人员一律平等，各种设想全部记录下来；主张独立思考，不允许私下交谈，以免干扰别人思维；提倡自由发言，畅所欲言，任意思考；不强调个人的成绩，应以小组的整体利益为重。⑤主持人技巧。主持人应懂得各种创造思维和技法，会前要向与会者重申会议应严守的原则和纪律，善于激发成员思考，使场面轻松活跃而又不失脑力激荡的规则。

（4）情景分析法（Scene Analysis）。又称前景描述法或脚本法，是在推测的基础上，对可能的未来情景加以描述。执行步骤：①主题的确定；②主要风险影响因素的选择；③风险影响因素的描述与筛选；④模拟演习：邀请知识链的相关人员进入描述的情景中，面对情景中出现的状况或问题做出风险识别；⑤命名风险。对识别出的知识链中可能存在的各种风险命名。①

---

① 顾孟迪，雷鹏. 风险管理 ［M］. 北京：清华大学出版社，2005.

（5）流程图法。根据知识链的生命周期，对知识链风险逐步进行识别，流程图法可将知识链风险分为识别期风险、组建期风险、运作发展期风险、解体前风险四个大类。

（6）核查表法。核查表是用来记录和整理数据的常用工具。在风险识别时，将知识链可能发生的潜在风险列于一张表上，风险管理者进行检查核对，以判别知识链中是否存在表中所列或类似的风险。检查表中所列都是类似组织曾发生过的风险，是风险管理经验的结晶，虽然核查表中所列的风险不一定全面，但其可以使风险识别更系统化，并且对风险管理人员具有开阔思路、启发联想、抛砖引玉的作用。[①]

（7）系统分解法。这是一种利用系统分解的原理，将一个复杂的知识链系统分解成一系列简单和易认识的子系统或系统元素，从而识别知识链中各子系统风险和整个知识链中的各种风险的方法。[②]

（8）问卷调查法。问卷调查法是以系统论的观点和方法来设计问卷，并送给知识链各成员组织和相关专家填写，由他们回答知识链所面临的风险和风险因素。一般说来，知识链各成员组织基层员工亲自参与到知识链运作的各个环节，他们熟悉业务运作的细节情况，对知识链的影响因素和薄弱环节最为了解，可以为风险管理者提供有关局部的许多有价值的、细节的信息，帮助风险管理者来识别风险，准确地分析各类风险。

（9）环境分析法。环境分析法是一种识别知识链特定风险的方法。风险管理者通过分析知识链内外部环境对知识链的作用和影响，从而发现可能存在的风险。知识链内外环境因素的相互关系及稳定程度对知识链的影响是不言而喻的，分析这些因素之间的联系及其结果，以及一旦发生变化可能产生的后果，即可以发现面临的风险。[③]

---

① John Raftery 著，项目管理风险分析 ［M］. 李清立译 . 北京：机械工业出版社，2003.

② 汪应洛 . 系统工程理论、方法与应用 ［M］. 北京：高等教育出版社，1998.

③ 陈阳 . 产品创新项目风险评估方法及应用研究 ［D］. 长沙：国防科技大学，2007.

（10）风险统计记录法。风险统计记录法是利用以往的风险统计记录识别将来可能出现的类似风险。由于这种方法只能发现与已发生过的风险有关的某些风险，因此它和其他方法相比，所能揭示的风险也许会少些，但这种方法能够识别其他方法不能发现的某些风险。在风险管理信息系统已经发展起来的今天，人们可以依照起因、地点、数量及其他一些变量来分析所记录的各种风险。风险的统计记录使风险管理者有可能评价知识链遭受某些风险的趋势，从中发现问题。通过分析，可以对某些风险发生的原因、可能出现的时间等有所认识，能够发现某些特定环境因素下必须特别予以注意的风险。因此，在有足够数量的以往风险统计数据时，风险管理者可利用这些数据进行知识链风险识别。①

（11）现场视察法。综合运用上述的几种方法，风险管理人员可能会识别大部分的潜在风险，但并不是全部。为补充上述方法的不足，风险管理人员应到知识链内部进行实地调查，收集相关信息，进一步发现可能存在的风险。

知识链风险识别的方法很多，以上只是几种常用的方法。由于各种方法都有其优缺点，所以在对知识链风险识别时，要综合应用两种或两种以上风险识别方法，互相取长补短，以便较为全面的识别出知识链中的各种风险。

本书主要采用文献分析法、德尔菲法和风险统计记录法、问卷调查法相结合的方法来识别知识链中的各种风险。

3.3.2 知识链风险的评估

当识别出知识链所面临的各种风险之后，风险管理者就要开始对风险进行评估，以便为有效的风险处置打好基础。

---

① 李海涛．IT 项目风险管理［D］．青岛：中国海洋大学，2007.

3.3.2.1 知识链风险评估的内容

知识链风险评估的内容主要有：

（1）风险发生的概率估计。风险评估中首要也是最重要的一项工作是分析和估计风险发生的概率，同时这也是最困难的一项工作。主要原因有两个方面：一是和风险相关的数据收集相当困难；二是不同的合作组织差异性较大，用类似组织的数据推断当前风险发生的概率，其误差可能较大。

（2）风险发生后对知识链造成的影响大小。风险估计的第二项任务是分析和估计风险发生后对知识链造成的影响大小。在现实生活中经常会遇到这样的情况：风险事件发生的概率不一定很大，但它一旦发生，后果十分严重。对于这类风险应给予高度关注。

（3）计算各种风险对知识链的相对重要程度。知识链风险评估的第三项即计算出各种风险对知识链的相对重要程度，即对各种风险进行排序。以便在后序的风险处置中做到重点突出，有的放矢。

3.3.2.2 知识链风险评估的方法

对风险进行评估的方法有很多，一般可分为定性、定量、定性与定量相结合三类，有效的风险评估方法一般采用定性与定量相结合的系统方法。常用的风险评估方法有主观评分法、层次分析法、模糊风险综合评价法等。

（1）定性评价方法。定性评价法主要依靠评价人员的洞察力和分析能力，借助经验和逻辑判断能力来进行评价，如专家调查法。这种方法一般由评价者或专家根据所获取的信息，把知识链面临的所有风险或潜在风险一一罗列出来，对每种风险进行直接打分或做出直观判断，然后将专家们的意见加以归纳，形成评价意见。使用这种方法，要求评价人员有较高的专业知识和丰富的实践经验，并且具有在不完整的数据资料中洞察事物本质的能力。定性评价法的优点是不受统计数据限制的，它可以发挥人的智慧和经验，可以避免和减少因统计数据不足或不精确而产生的片面性和局限性；缺点是评价中的随机因素较多，评价结果易受到评价人员主观意识的影响和经验、知识的局限，易带有个人偏见和片面性。

（2）定量评价方法。定量评价法是以通过模型试验、样机试验获得的信息或其他统计数据作为依据，按照评价指标体系来建立数学模型，用数学手段和计算机求得评价结果，并用数量表示出来的一类方法。这种方法虽然可以得出一些定量数据，如可以对知识链的各种风险的重要性定性排序。但客观上，知识链一些风险的相关指标难以量化，直接采用定量方法可能得不出较为准确的结果。

（3）定性与定量相结合。知识链的风险评价比较复杂，涉及的影响因素多，这些因素有些可量化，有些很难量化或不可能量化，因此我们需要用定性与定量相结合的综合评价方法来对知识链风险进行评价，如层次分析法，模糊综合评判法等。①

对于风险评估的方法，本书第 2 部分现状分析中已做过相关阐述，但除此之外，常用的还有以下四种。

（1）主观评分法。主观评分法是利用专家的经验等隐性知识，直观判断知识链的每种风险发生的概率与发生后给知识链造成的损失，再根据计算得出各种风险对于知识链风险的相对重要程度，进而实现风险控制，做到重点突出，有的放矢。

（2）敏感分析法。该方法把多个风险因素中一个因素当成输入变量，假定其他因素保持正常值，变动变量的值，通过分析、测算变量的变化引起风险结果的变化。若该因素微小的变化对风险结果影响幅度较大，说明该因素是敏感性因素，反之如果该因素的变化，不影响风险的结果，那么把该因素称为不敏感性因素。这种方法比较适合用于风险优先级排序上。②

---

① 齐攀. 基于熵权物元的虚拟企业风险管理研究 [D]. 哈尔滨：哈尔滨理工大学，2008.

② 张汝良. 敏感因素分析法在滑坡工程中的应用 [J]. 中国水运，2007，5（10）：83 - 84.

（3）帕累托（Pareto）分析法。知识链有若干个风险，风险管理的成本巨大，帕累托分析法就是一个解决这一问题的好方法。该方法的核心思想是 80/20 法则，该法则指出知识链风险的 80% 可以通过 20% 的已识别风险来说明，只要找出知识链中 20% 关键风险，就能解决风险的大部分问题。

3.3.3　知识链风险的处置

完成风险评估后，就确定了知识链中存在的风险及发生的可能性和对知识链风险的冲击，并可排列出风险的优先等级。此后就可以根据风险性质以及知识链及其成员组织对风险的承受能力制定相应的措施，即风险处置。

3.3.3.1　知识链风险处置的原则

知识链风险处置应遵循以下原则。①

（1）风险控制要有针对性，对于不同级别的风险应采取不同的控制措施，不能"一刀切"。

（2）风险的控制费用要小于风险发生后的损失。

（3）风险控制过程应是一个动态过程，应时刻注意采取风险控制措施后的信息反馈，不能有一劳永逸的思想。

（4）风险控制应以预防为主，变事后控制为事前控制。

3.3.3.2　知识链风险处置的措施

知识链风险处置主要有风险规避、风险控制、风险自留和风险转移四种②。

---

① 齐攀. 基于熵权物元的虚拟企业风险管理研究 ［D］. 哈尔滨：哈尔滨理工大学，2008.

② 胡金环，周启蕾. 供应链风险管理探讨 ［J］. 价值工程，2005，（3）：36－39.

（1）知识链风险规避。风险规避是彻底规避知识链风险的一种做法，即断绝风险的来源。知识链风险规避的方法是放弃或终止某项知识链合作，或改变知识链合作环境，尽量避开一些风险影响因素。规避风险的行为是常见的，尤其在那些强烈厌恶风险的知识链中更是如此。然而，规避风险并不总是可行的，有时即使是可能的，也不会取得令人满意的效果。风险管理者必须始终权衡与引起风险的活动相联系的成本和收益。采用风险规避来处理风险时必须考虑以下几个方面的因素：①对知识链而言，某些风险也许不可能回避，如由外部环境因素引起的风险就难以避免；②对某些风险即使可以回避，但从经济效益来衡量时也许不合适；③回避了某一风险有可能产生另外的新风险。①

（2）知识链风险控制。风险控制是在对知识链风险进行识别和评价的基础上，有针对性地采取积极防范控制措施的行为。知识链风险控制不是放弃特定的活动，而是在开展这些活动时，有意识地做出一些安排，其目标是为了在风险发生之前，降低风险发生的概率；风险发生之后，降低风险发生造成的损失。从而使风险发生所造成的损失降低到最低的程度。

（3）知识链风险自留。风险自留是知识链中成员将可能的风险损失留给自己承担。这种手段意味着知识链成员决定去应对某一风险，或不能找到其他合适的风险应对策略。风险自留分为主动的风险自留和被动的风险自留两种。主动的风险自留是指知识链成员组织在对知识链风险进行评估后，将风险留在知识链内部，而不是转移出去。这是因为通过一定的分析与评估，它认为该风险完全在自己可以控制的范围之内，且将风险转移出去需要的成本可能会更高，所以决定由自己吸收全部或部分风险的策略。② 主动的风险自留是一种事先有过严

① 李小宁. EPC 工程总承包全过程项目控制 [J]. 国际经济合作, 2000 (6): 41-46.
② 连惠萍, 孙其龙, 学寸民. 国际承包 EPC 合同模式应用分析 [J]. 黄河水利职技术学院, 2004 (1): 45-46.

谨计划、有充分准备的风险处理和分析的方式。被动的风险自留是指知识链管理者可能因为某些原因，没有意识到风险的存在，或者没有意识到风险可能造成的严重影响和损失。当风险发生时，因为事先没有准备，所以束手无策，最终不得不承担风险造成的损失。在实践中，因为风险的不确定，被动的风险自留很多。有时知识链管理者虽然已经完全意识到了风险的存在，但由于一些主观或客观的原因，也没有办法对风险进行有效地控制，只能任由它留在组织的内部。对于主动的风险自留，主要有以下两种措施：一是将风险的损失计入经营成本；二是向银行借款，用以弥补风险造成的损失。①

（4）知识链风险转移。风险转移是将知识链中可能发生的风险的一部分转移出去。② 它涉及一方（转移者）对另一方（被转移者或风险承担者）的支付。被转移者同意承担转移者希望规避的风险，有时风险程度会通过风险转移过程而降低，因为被转移者可能更擅长。在其他情况下，风险程度保持不变，而只是以一个价格从转移者转给被转移者。风险转移可分为控制型风险转移，财务型的非保险转移和保险型风险转移。保险转移是向保险公司投保，将知识链中部分风险损失转移给保险公司承担。控制型风险转移是指借助降低成员组织的损失频率和缩小其损失幅度的手段将损失的法律责任转移给非保险业的另一组织。财务型非保险转移是指受补偿人将风险所导致损失的财务负担转移给补偿的人（其中保险人除外）。③

在实践中，风险处置的各种策略会经常组合使用，对于风险太大的知识链合作，一开始就应该拒绝；在已组建的知识链中，风险的控制、自留、转移策略应随时间、环境、条件的不同而被用于不同的组合策略中。

---

① 孔敏. 大型建设工程项目的风险分析和控制［D］. 青岛：山东大学，2005.

② 李欢. 供应链风险研究［D］. 成都：电子科技大学，2005.

③ 王晓群. 风险管理［M］. 上海：上海财经大学出版社，2003.

3.3.4　知识链风险的监控

3.3.4.1　知识链风险监控的含义

任何一种知识链风险都有一个发生、发展过程，必须对知识链风险管理过程实施监控，动态掌握知识链风险及其变化情况，跟踪并控制知识链风险。当知识链的情况发生变化时，重新进行风险分析，并制订新的风险管理计划。知识链风险监控应遵循以下原则。

（1）尽早发现各种风险。通过风险识别工具，尽早预测各种风险的损失程度，规范知识链各成员的风险处理，初步达成一个意外事件实时通报制度。

（2）建立共同协商制。与各成员共同协商建立健全风险应急预案和相应措施。

（3）建立紧密的合作关系。与各成员建立紧密的合作伙伴关系，加强成员间信任，加大信息共享程度，加快信息流通速度。

（4）建立良好的信用机制。知识链应建立好自己良好的信用，减少各成员需求的变化，在各成员间实现利益分享和风险共担。

风险监控的结果主要是根据条件的变化及时修改风险控制措施、纠正风险控制行动等。

3.3.4.2　知识链风险监控的方法

知识链风险监控的方法很多，此处主要针对风险图法、审核法和偏差分析法作一些简单介绍。①

（1）风险图法。风险图法就是根据风险评估的结果，从知识链风险中选出几种重要的风险，将它们列入重点监控的范围。具体做法如

---

① 杨树峰.工程建设项目风险监控的意义和方法研究［J］.黑龙江科技信息，2009：245.

下：第一步，列出需要重点监控的风险，并按重要性排序；第二步，列出针对这些重要风险的控制措施，核实并记录监控措施是否有效；第三步，定期重新确定重要风险的种类与相应的监控措施；第四，分析监控结果，从中找出哪些风险进入或退出了重要风险范畴，分析原因并据此重新制订控制计划。

（2）审核法。审核法是风险监控的一种重要方法，该方法用于知识链的整个过程中，从知识链组建开始到知识链终止结束，对每一个环节都进行审查核实。如知识链组建的目标是否合理、知识链合作协议是否规范、成员组织的知识共享行为是否恰当以及最终的利益分配是否公平等。

（3）偏差分析法。偏差分析法是把知识链各个阶段的实际运作成果与预期成果相对照，检测二者之间是否存在差异。若存在差异，则进一步分析差异发生的原因并提出改进措施；若不存在差异，则核实一下原先的预期现在是否合理，若合理，即一切良好；若不合理，则需要修改预期并对控制措施作相应的调整。

本书所给出的风险监控的具体措施综合应用了以上 3 种方法。

3.4　本　章　小　结

本章首先阐述了知识链的概念、特征和与知识链相关的理论，分析了知识链中知识转移、共享的影响因素。并在此基础上，给出了知识链风险的概念、特征和知识链风险管理的过程。本章指出，知识链风险是指由知识链所处的外部环境的变化、合作组织的特性和知识本身的特性等引起的、导致知识不能在知识链成员组织间有效流动、共享和创造，造成合作结果与知识链协议目标的偏差或知识链的中断或终止的风险。并指出知识链风险管理实际上是一个连续不断的循环过程，它主要包括四个步骤，即知识链风险识别、知识链风险评估、知识链风险处置和知识链风险监控。其中，知识链风险处置是知识链风险管理的重点，也是本书研究的重点。

4

知识链风险的识别

风险识别是知识链风险管理的首要步骤，是知识链风险管理的前提，只有全面地、系统地识别出知识链中可能存在的各种风险，才有可能实现对知识链风险的有效控制，才有可能降低知识链风险，保证知识链的成功运行。

为了全面识别知识链中可能存在的各种风险，需要首先识别知识链风险产生的根源。

4.1　知识链风险产生的根源

作为一种以知识为纽带的合作模式，知识链风险产生的影响因素主要有四个方面：外部环境因素、单个成员组织自身特性、一般合作组织的特性和知识本身的特性。对知识链风险产生的影响因素进行分析，主要是为了更好地识别各种风险。

4.1.1　由环境因素引起

外部环境变化主要是指知识链系统以外的宏观环境和市场环境的

变化。其中宏观环境主要是指自然环境、政治环境、法律环境、经济环境、技术环境和社会文化环境。市场环境主要是指由知识链所在行业的竞争者、潜在竞争者、消费者、供应者等构成的竞争格局。环境的变化给组织的经营带来机会与威胁，对知识链也一样。环境的变化可能使得已形成的知识链从拥有竞争优势转变成为组织发展的束缚。当环境的变化为知识链成员组织提供新的机会时，成员企业为自身利益的驱动可能出现机会主义的行为。同样，当环境的变化出现极不利于知识链的威胁时，成员组织也会采取机会主义的行为来回避环境变化的风险。从客观上讲，环境的变化促进了知识链成员组织机会主义的出现，从而影响知识链的稳定。

4.1.2 由单个成员组织自身特性引起

风险与经营通常是结伴而生的，有经营的地方，都或多或少的有风险的存在。更何况，对于一个组织而言，其经营相对复杂多变，伴随这种复杂经营的风险也就不容忽视。因此，我们还必须讨论由单个组织的内部特性引起的风险。这类风险主要是指由于某个组织内部环境的不确定性、组织生产经营活动的复杂性以及它所拥有的能力的局限性而导致的实际经营结果与预期经营结果之间存在偏差，从而使组织蒙受损失的可能性。[①] 虽然，这种风险产生后直接影响的是组织自身，但作为知识链的成员之一，如果该组织出现不利状况，势必会影响到知识链，只是其影响可能很大，也可能很小而已。如果该组织因为这类风险而破产，知识链就不得不重新挑选合作伙伴以弥补空缺，从而给知识链的稳定性带来较大的负面影响。因此，在考虑知识链风险时，需要将由单个组织内部特性引起的风险考虑在内。需要注意的是，这种风险通常由组织自己控制，知识链主要是需要在选择伙伴时作相应的考察。

---

① 王更新. 乳品企业风险识别方法探析 [J]. 中国乳业，2007 (6)：25 - 27.

4.1.3　由合作组织特性引起

一般合作组织是指像技术联盟、知识链等打破传统的组织边界，由两个和两个以上独立的法人构建的一种松散的组织形式。这种松散的组织形式不像传统组织或企业集团一样具有统一的行政命令或约束，因此成员组织间可能会出现机会主义行为。对于知识链成员组织的机会主义行为，可以用博弈论中的自阻斜坡模型加以解释。自阻斜坡模型如图 4 - 1 所示。

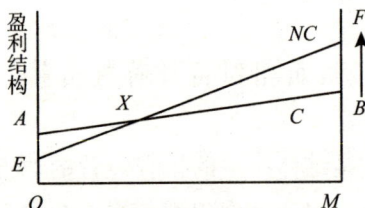

图 4 - 1　自阻斜坡

图 4 - 1 中横轴从左到右代表选择合作的局中人个数（M），纵轴表示合作（C）和不合作（NC）的盈利分配结构。C 代表合作曲线，NC 代表不合作曲线。从图 4 - 1 可以看出，合作的最优方案是合作曲线 C 上的 B 点。但在 B 点上存在一种达到不合作曲线 NC 上的 F 点的激励，X 点是出现策略转变动机的点。

当局中人数量 $M > X$，不合作的盈利大于合作的盈利时，不合作动机对局中人起支配作用；当 $M < X$，合作的盈利大于不合作的盈利时，合作成为局中人的支配性动机。由此可见，支配局中人行为的是各自利益的最大化，这便可能导致局中人的机会主义行为①。

---

① 叶飞，张红. 战略联盟的风险及其防范对策 [J]. 科学管理研究，1999，17（5）：30 - 35.

知识链的各成员组织也是如此，当知识链的存在影响知识链成员利益的最大化时，它们有可能采取一些有利于自己的机会主义行为，从而影响知识链整体的成功运作。

4.1.4 由知识本身的特性引起

作为人类认识的成果和结晶，知识具有以下五个方面的特征：一是累积性；二是时效性。知识受时间约束；三是隐含性。① 隐性知识是主观知识，难以流动和传播；四是专用性。有些知识植根于组织之中，是组织全体员工在组织特定环境中共同努力的结果，即使竞争对手挖走了掌握该知识的核心员工，因为它不可能复制与组织完全相同的内部环境和员工，因此始终不能完全获得该知识；五是复杂性。显性知识可以用语言、文字、图像等形式表现出来，但有些知识很难理解和学习，要理解这些知识需要掌握众多的相关知识作为基础，知识具有复杂性②。正因为知识具有累积性、时效性、隐含性、专用性和复杂性，从而在一定程度上阻碍了组织间的知识流动，增加了知识链的风险。具体表现为：合作方在合作中隐瞒重要知识信息，甚至提供虚假信息，致使知识共享的内容不完全、不真实、同时知识共享的时间不及时、传输的格式不准确、接收途径不合理等，合作方在保护和减少自身知识付出的同时企图最大化共享和窃取合作伙伴的知识等③。

---

① 顾新.知识链管理——基于生命周期的组织之间知识链管理研究 [D].成都：西南交通大学，2004.

② Susank Mcevily, Bala Chakravarthy. The Persistence of Knowledge Based Advance: an Empirical Test for Product Performance and Technological Knowledge [J]. Strategic Management Journal, 2002 (2)：285 – 305.

③ 祁红梅，黄瑞华，彭晓春.基于合作创新的知识产权冲突道德风险分析 [J].科学管理研究，2005，23 (1)：16 – 19.

4.2 知识链风险的识别

风险识别，一是要意识到风险的存在；二是要识别风险的特征和类别，即在认清风险不利结果发生的原因和条件的基础上，进一步区分风险类别。风险识别实质上是对风险进行定性研究。常用的方法有头脑风暴方法、德尔菲方法、情景分析法以及调查问卷调查法等。本书主要采用文献分析法、德尔菲法和风险统计记录法、问卷调查法相结合的方法识别知识链的各种风险。

根据知识链的风险产生的根源，可将知识链风险分为由外界环境引起的风险、由单个成员组织自身特性引起的风险、由合作组织特性引起的风险和由知识本身的特性引起的风险四个大类。

4.2.1 由外部环境引起的风险

知识链总是存在于一定的环境之中，不可避免的受环境的影响而产生一些风险，这类风险主要有：[1]

（1）自然环境风险。自然环境的各种变化作用于知识链中各个节点组织的知识传递活动，是引发知识链风险的原因之一。如发生水灾、火灾等，可能阻碍整个知识链的知识流动、知识共享与知识创造，从而增加知识链运作的困难[2]。

（2）法律环境风险。知识链所面临的法律环境，特别是跨国法律环境会对知识链造成风险。法律风险主要体现在两个方面，一是在构建知识链时可能没有完全了解其他国家的法律；二是其他国家法律的

① 焦芳敏，蒙少东. 供应链风险的识别与度量体系［J］. 物流科技，2006，29（130）：135 – 139.

② 姚军. 供应链的风险及其防范［J］. 辽宁师范大学学报（自然科学版），2003，26（4）：62 – 64.

变化，都会对知识链的成功运作造成风险。

（3）技术环境风险。知识流动是知识链成功运作的前提，但知识的流动往往需要特定技术的支持，如 IT 技术。如果与 IT 技术相关联的网络传输速度、服务器的稳定性和运行速度等技术难以实现，则会对知识链运作造成负面影响。

（4）经济环境风险。经济环境是指各国的经济政策、相对经济状况等的变化给知识链带来的风险。经济政策、经济状况等经济环境的变化往往会引起组织决策的变化，可能会停止对某方面知识的交流、共享和创造工作，从而引起知识链的断裂。

（5）政治环境风险。政治环境风险对跨国知识链的影响甚大，如果知识链中某一成员组织所在国发生了政治动乱，它与知识链中其他成员的合作可能难以继续下去，知识链也可能因此而断裂①。

（6）社会文化环境风险。社会文化风险对知识链的影响是无形的，有的成员组织所在国具有开放的社会文化环境，它们往往易于实现对知识的共享，但有的成员组织所在国的社会文化环境却比较保守，对知识链中知识的流动与共享造成障碍。

（7）金融风险。金融风险是指由于利率、汇率变化或银行终止贷款及经济政策的调整，导致知识链某些企业融资成本上升、资金不足，从而延误知识创新而导致的风险。

（8）市场风险。组织间构建知识链的最终目的是为了回应市场的需求，但由于竞争日益激烈，市场需求瞬息万变，这既给组织提供了参与市场竞争的机遇，同时也增加了它们的风险。

4.2.2 由单个成员组织自身特性引起的风险

作为知识链成员之一，某个成员组织内部产生的风险也会对知

① Johnson, M., E., learning form toys: lessons in managing supply chain risk from the toy Industry [J]. California Management Review, 2001, (7): 145 – 146.

识链造成一定的影响。这类风险主要有两种：一种是由于组织内部的硬条件引起的风险；另一种是由于组织内部的软条件引起的风险。

（1）硬风险。硬风险主要是指由组织内部的硬性条件引起的风险，如组织的生产规模是否达到规模经济；组织所拥有的办公设备、生产设备等是否先进；组织的选址是否恰当等。

（2）软风险。软风险是指由组织内部的软性条件引起的风险，如管理人员的生产、销售、财务决策等是否正确；组织的文化是否健康；组织的学习能力是不是很强；组织的适应能力是不是欠缺等。[1]

需要指出的是，由于这类风险主要是由发生风险的组织自身控制，知识链只是在选择合作对象时需要作相应的考察，因此不是本书研究的重点，本书会把这种风险放在合作伙伴选择中一并讨论。

4.2.3 由合作组织特性引起的风险

知识链是由两个或两个以上组织构成的一种临时性的合作组织，由于构成知识链的成员组织都是独立的法人，他们参与知识链的目的是为了寻求自身利益的最大化；同时，作为一种合作组织，知识链对其成员的控制不像其他独立组织一样具有较强的约束力，因此知识链中存在大量由合作组织特性引起的风险，具体如下。[2]

（1）机遇识别错误风险。知识链的构建需要选择合适的时机，如果在组织内部能力不适合或外部条件不成熟的条件下构建知识链，会从一开始就阻碍知识链的成功运作。

（2）背景差异风险。不同的组织之间的背景多数是不同的，这些

---

① 王克研. 我国企业风险识别 [J]. 经济理论研究，2007（1）：79-80.

② 焦芳敏，蒙少东. 供应链风险的识别与度量体系 [J]. 物流科技，2006，29（130）：135-139.

背景包括组织文化、组织战略、组织学习能力、组织激励制度等。而由于这些背景的不同，使得组织之间的知识转移、知识共享也受到了一定的影响。通常情况下，组织间的背景差异性越大，它们之间的知识转移、知识共享可能越难。因此，在知识链的组建过程中，要深入了解合作伙伴间的这些差异的大小并尽力寻求差异较小的组织组成知识链。

（3）有限信息风险。从知识链的组建，到知识链的解体，无论是哪个阶段，都需要成员组织之间尽量分享信息，尽量使大家在一个公平的环境下合作。但由于信息共享技术的局限性和知识链成员组织能力的局限性，信息很难在成员之间平等共享，而这必然会影响伙伴选择的质量、知识共享的质量，并为知识链成功运作埋下隐患[①]。

（4）丧失核心竞争力的风险。知识链构建的目的是为了转移和共享知识，因此在知识链的整个运作过程中，时时刻刻都少不了知识共享活动。而因为知识自身的一些特性，某成员组织在与其他成员组织共享自己所拥有的知识时，有时会很难将自己的核心知识与非核心知识严格地区分开来，这就极易使自己的核心知识被传播出去。而这些核心知识一旦被传播出去，它很快将变成非核心知识，该组织也将丧失自己在知识链中的优势，其在知识链中的地位也将会受到威胁。当组织的知识优势完全丧失后，原有的平衡将被打破，建立在原有平衡下的知识链也将断裂。而当知识链断裂后，成员间将展开新一轮的激烈竞争，丧失核心竞争优势的企业极有可能在竞争中处于十分不利的位置，甚至成为其他企业兼并或收购的对象。

（5）道德风险。知识链中的成员组织都是独立的法人实体，它们参与知识链的目的是为了获取自己的利益，因此它们极易采取损人利己的行为。而由于没有一个权威地、高效地机构来监督它们，这种损

---

① Zhou Q., Besant C. B. Information management in production planning for a virtual enterprise [J]. International Journal of Production Research, 1999, 37 (1): 207 - 218.

人利己的行为就会越来越频繁，直到知识链解体，除非它们有很强的道德水准，否则这种风险很难防范。

（6）信任风险。知识链要想成功实现知识的转移与共享，成员间的相互信任是非常重要的一个元素。如果它们之间缺乏相互信任，它们则不会将自己所拥有的知识尽可能多的转移给其他组织，从而在一定程度上阻碍了知识在成员组织间的相互流动，进而阻碍了知识的共享与创造，影响知识链的成功运作。

（7）契约修改风险。知识链从组建的一开始，便会制定一份知识共享契约，以便规范各成员组织的行为。但随着知识链运作的不断深入和环境的变化，原先制定的契约可能不再适应，而需要修改或重新制定。但这种修改却可能会给知识链带来一些风险。因为此时，随着知识的不断共享，成员组织间所拥有的知识已经发生了变化，组织间的相对地位已不同，话语权也发生了转移，而这些可能很难被地位变弱的组织所接受，进而引起一些摩擦，造成知识链风险①。

（8）激励风险。在知识链的运作过程中，并不是每一个成员组织对知识链的贡献都是相等的，事实上，有的成员组织贡献多一些，承担的风险也多一些；有的成员组织贡献少一些，承担的风险也少一些。因此，对成员组织的激励也不能是完全相等，而应该体现贡献能者多得，承担风险高者多得的原则，但由于贡献的多少和风险的高低有时难以准确度量，从而可能带来激励的不公平，进而影响知识链的成功运作。

（9）解散风险。通常情况下，知识链只是一个临时性的合作组织，不具有永久性，当完成契约规定的任务时，知识链就会解散。但在知识链的解散过程中，也有很多事项需要解决好，如合作成果的分配、合作过程中招聘的新员工的归属等，这些事项解决不好，也会给知识链成员组织带来损失与风险。强调这一风险是基于决策

---

① Ouzizi Latifa. A model for cooperative planning within a virtual enterprise [J]. International Journal of Computer Integrated Manufacturing, 2006, 19 (3): 197 - 209.

者的有限理性，盲目地解散知识链只会为知识链带来一系列的负面影响。

（10）利益分配不均风险。知识链成功运作的前提是公平的利益分配机制。知识组织间的利益分配通常由各组织对知识链的贡献的大小和它们承担风险的大小决定。而由于知识本身的难以度量性和知识链风险的不确定性，知识链之间的利益分配很难实现公平分配，从而可能引起知识链风险。

4.2.4 由知识本身特性引起的风险

知识链是由拥有不同知识的组织构成的一条链式结构，其目的是为了实现知识在成员组织间的转移、共享和创造。知识，作为知识链转移、共享的实体，具有很多自身的特点，而这些特点，也会引起知识链风险，具体如下。

（1）知识实时传播风险。知识是有一定时效性的，如果超过了这一时效，知识将不再具有独特性和新颖性，将不再给组织带来竞争优势。但由于知识的难以表达性，尤其是隐含知识的难以表达性，知识有时不能在有效的时间内得以传播和共享，因而使该知识失去其优势，不能达到知识链成员组织预期的知识共享目的，造成知识链风险。①。

（2）知识转移能力风险。因为知识是一种无形资产，且知识具有隐含性、模糊性和复杂性，因此知识转移方对知识的表达能力、解说能力、传播能力以及对知识接收方学习能力的把握，都会对知识转移产生影响。而知识链的最终目的就是在知识转移的基础上实现知识共享与创造，因此知识转移方的知识转移能力对知识链的成功运作起着至关重要的作用。

---

① 单汨源，冯晓研. 决策者效用对供应链风险管理的影响研究 [J]. 现代管理科学，2005，（12）：6－8.

（3）知识吸收能力风险。知识吸收能力是指知识接受方对共享知识的消化、吸收、内化和重新使用的能力。由于知识是一种无形资产，且知识具有隐含性、模糊性和复杂性。如果知识接收方先期知识禀赋不足，就会阻碍知识的吸收。与知识转移能力一样，知识接收方的吸收能力对于知识链的成功运作有着显著的影响。

（4）由知识难以量化造成的风险。知识具有难以量化性，这就使得知识的转移量难以度量。本来，当知识共享双方都按照协议规定转移知识时，知识链才能顺利运作。但由于知识的转移量不易确定，知识共享双方究竟转移了多少知识就不易衡量，也就无法衡量双方是否遵守协议，这就给知识共享双方的机会主义行为提供了"温床"，也就为知识链的成功运作埋下了风险。

4.3　知识链风险识别模型

知识链风险识别与分类的方法有很多种，例如根据风险产生和作用的阶段不同，可分为组建阶段风险、运行阶段风险和解体阶段风险；根据风险影响范围的大小，可分为社会风险、行业风险和企业风险。究竟采用哪种分类方法，主要取决于后续的对风险控制研究的需要。本书根据风险产生的原因，将知识链风险分为由环境引起的风险、由一般合作组织特性引起的风险和由知识本身特性引起的风险，这种分类方法是为了今后更加有效地对各种风险进行控制。如由一般合作组织特性引起的风险，可从如何降低和规避合作组织间风险的角度对知识链风险进行控制；由知识本身的特性引起的风险，可从如何降低和规避知识的特性在知识链风险中发挥的作用入手对知识链风险进行控制。

知识链的风险识别模型如图4-2所示。

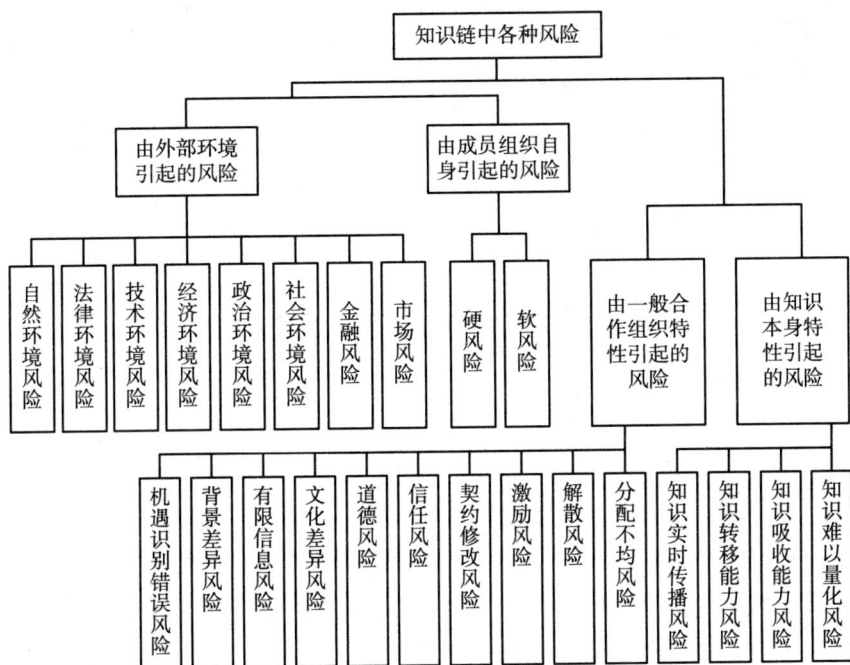

图 4 - 2 知识链风险识别模型

4.4 本 章 小 结

　　风险是知识链的固有属性，对于不同的知识链，其风险的侧重点不尽相同。对于跨国知识链，文化差异风险可能较为重要；对于主要包括隐性知识的知识链，知识转移能力风险和知识吸收能力风险较为重要。因此，对于不同的知识链，风险识别模型中所列举的各种风险并不同等重要。另外，本书的风险识别模型主要列举了一些相对重要而又普遍存在的风险，并未包括所有的知识链风险，在知识链风险管理实践中，可以根据知识链的具体特性对风险种类作相应的调整。

5

知识链风险评估

　　知识链中存在众多风险，虽然这些风险难以完全规避，但在整个知识链风险的管理过程中，风险可以通过一些措施有效地降低或减弱。因此，如何有效地评估知识链中各种风险对知识链运作的影响程度，或者说各种风险在整个风险管理中的重要程度，并在此基础上提出有效的风险控制措施，是知识链风险管理的重点所在。本章便是在充分识别知识链各种风险的基础上，评估出它们对知识链的相对重要程度的量化结果。

　　本章对知识链风险的评估步骤如下：首先，采用专家调查法得到专家对知识链中各种风险重要程度的评估的原始数据；其次，用 SPSS 统计分析法对这些原始数据进行加工、处理，以便在一定程度上规避专家调查法的不足，如专家的主观性等；再次，用风险矩阵法得出对各种风险重要程度的定性评价，如风险的重要程度是高、中，还是低；最后，用 Borda 序值法对各种风险的重要程度作进一步评估，得出各种风险对知识链重要程度的定量排序。

5.1 基于多响应变量分析和 Borda 法的
知识链风险矩阵

5.1.1 知识链风险矩阵的构建标准及评述

风险矩阵是美国空军电子系统中心的采办工程小组于 1995 年 4 月提出的，是一种重要的项目风险管理工具。该方法首先识别项目中可能存在的各种风险；然后评估各种风险对项目的潜在影响程度，计算风险发生的概率，根据预定标准评定风险等级，最后采取措施降低风险[①]。因此，风险矩阵主要由五栏构成，它们分别是"风险"栏、"风险影响"栏、"风险概率"栏、"风险等级"栏和"风险管理"栏，风险矩阵样例如表 5 – 1 所示。

表 5 – 1　　　　　　　　风险矩阵样例

风险	风险影响	风险概率（%）	风险等级	风险管理
…	…	…	…	…

其中，"风险"栏列出了各种风险的名称；"风险影响"栏（记为 I）描述各种风险影响的大小，有关键、严重、一般、微小和可忽略五个等级；"风险概率"栏（记为 P）描述各种风险发生的概率，有 1% ~ 10%、11% ~ 40%、41% ~ 60%、61% ~ 90% 和 91% ~ 100% 五种可能；风险等级栏（记为 R）根据对应的 I、P 值和风险等级对照表确定各种风险的等级；"风险管理"栏给出具体的风险管理

① 党兴华，黄正超，赵巧艳. 基于风险矩阵的风险投资项目风险评估 [J]. 科技进步与对策，2006（1）：140 – 143.

措施①。根据以上风险矩阵的思路，整理得出知识链风险影响等级、风险发生概率的描述和风险等级对照表如表5-2、表5-3和表5-4所示②。

表5-2　　　　　　　　　　风险影响等级描述

风险影响等级	定义或说明
关键	一旦风险事件发生，将导致知识流动、共享与创造停止，知识链目标无法实现
严重	一旦风险发生，知识流动、共享与创造将大幅度延缓，甚至导致知识链目标无法实现
一般	一旦风险事件发生，知识流动、共享与创造将有所延缓，但知识链目标最终可以实现
微小	一旦风险事件发生，对知识链影响不大
可忽略	一旦风险事件发生，对知识流动、共享与创造几乎没有影响

表5-3　　　　　　　　　　风险发生概率的描述

风险概率范围（%）	解释说明
0~10	非常不可能发生
11~40	不可能发生
41~60	可能在项目中期发生
61~90	可能发生
91~100	极可能发生

表5-4　　　　　　　　　　风险等级对照

P ＼ i	可忽略	微小	一般	严重	关键
0~10	低	低	低	中	中
11~40	低	低	中	中	高

---

① 朱启超，匡兴华，沈永平. 风险矩阵方法与应用述评 [J]. 中国工程科学，2003，5（1）：89-94.

② 苏世彬，黄瑞华. 基于风险矩阵的合作创新隐性知识转移风险分析与评估 [J]. 科研管理，2007，28（2）：27-34.

P ＼ i	可忽略	微小	一般	严重	关键
41 ~ 60	低	中	中	中	高
61 ~ 90	中	中	中	中	高
91 ~ 100	中	高	高	高	高

从表 5 - 2、表 5 - 3 中可以看出，风险矩阵中"风险影响"栏和"风险概率"栏的数据各有五个等级，对于某一特定的风险，其"风险影响"和"风险概率"究竟属于哪个等级，会受到评价者主观因素的影响。而"风险影响"和"风险概率"是整个风险矩阵数据的基础，对风险矩阵的客观性起着至关重要的作用。传统的风险矩阵法采用"专家调查法"获得"风险影响"栏和"风险概率"栏的数据，以期运用专家渊博的学识来有效地降低其主观意见的偏颇，但由于在"专家调查法"中，选定的专家数大约在 10 ~ 50 人，与建立在大量调查基础上的统计分析相比，数据相对较少，客观性也就相对较差。为了克服这一缺陷，通常采取轮番征询与反馈的方法，这种做法虽然收到了一定的成效，但在这种轮番征询与反馈法中，专家的意见会受其他专家意见的影响，可能会出现"从众"现象。因此，本书拟对"专家调查法"作一定的调整，并采用多响应变量分析法对专家首次给出的、未受其他专家影响的意见进行统计分析，以期得出对知识链风险影响等级、风险发生概率的客观评价。

5.1.2　多响应变量分析及其应用

多响应变量分析是 SPSS 统计软件中提供的众多统计分析方法中的一种，SPSS 研究分析的主要是具有等距离特性的变量。这种变量都有一个并且只有一个确定值。然而，在实践中，常常存在这样一些现象：对于某一个特定的研究对象，其变量有二个或两个以上的值与之相对应。例如，当您被问道：您最喜欢吃哪些食物时，您可能的回答是：面条、米饭、汉堡我都爱吃。如果让您对这三种颜色按照喜欢程度排一下先后顺序时，您可能将面条排第一，米饭排第二，汉堡排第三。这就构成了对一个问题（变量）的多个选择（响应），这类似于做一道不定项选择题。① 在对知识链风险影响等级和风险发生概率进行评估时，有时并不能百分之百确定某种风险的风险影响等级和风险发生概率。因此，在采用"专家调查法"时，可以让每一位专家对同一风险的影响等级给出三种结果，并对这三种结果按专家的同意程度排序，从而构成了一个多响应变量问题。由于对于风险影响等级的确定与风险发生概率的确定采用同样的方法，因此本书只针对风险影响等级的确定，举例说明多响应变量分析的应用。

应用多响应变量作分析，需要一些数据作支撑，笔者准备通过专家调查的方式获得多响应变量分析所需的数据。以下是知识链风险调查问卷中的其中一个问题，该调查是在 3 所研究院和 3 所高校中进行的，采取的是问卷和面谈相结合的方法，调查的专家一共有 23 人，发出问卷 23 份，收回 22 份，其中有效问卷 20 份。

问题：知识链风险中有一种风险是"文化差异风险"，请您判断其风险影响等级，其中风险影响等级一共分为关键、严重、一般、微小和可忽略五种，具体定义如表 5-2 所示，请从中选择 1~3 个等级作为您对"文化差异风险"影响等级的评价结果，如果你的评价结果不止一个，请对结果按您的同意程度由高到低排序。假如您认为"文化差异风险"的影响等级最可能是"关键"，其次可能是"严重"，则请您在"关键"前写①，严重前写②。

○关键　○严重　○一般　○微小　○可忽略

调查结果如表 5-5 所示。

---

① 卢纹岱. SPSS11 for Windows 统计分析 [M]. 北京：电子工业出版社，2006：579 - 588.

表 5 - 5 道德风险影响等级专家调查结果

n / r	1	2	3	4	5	6	7	8	9	10	11	12	13	14	15	16	17	18	19	20
I_1	3	3	3	3	4	2	4	3	3	3	4	2	3	3	4	2	2	2	5	3
I_2	4	0	4	4	5	3	3	4	5	2	3	3	4	2	3	1	1	3	4	4
I_3	0	0	0	0	3	0	2	1	4	1	2	4	2	1	0	0	0	4	3	1

其中"n"为专家的编号,"r"为专家给出的结果,其中"I_1"为专家最认同的文化差异风险影响等级,"I_2"为专家第二认同的文化差异风险影响等级,"I_3"为专家第三认同的文化差异风险影响等级;"I_1""I_2""I_3"所在行中的数字 0 ~ 5 分别代表专家未发表意见、可忽略、微小、一般、严重和关键。由于受有限理性、环境变化等因素的影响,大多数专家对自己评定的风险影响等级并不能百分之百肯定,为此他们对每种风险给出了多于一个的风险影响等级,以客观反映实际情况。

那么,该如何统计分析专家们对于文化差异风险影响等级给出的如表 5 - 5 所示的结果,这就需要用到多响应变量分析法。将表 5 - 5 中数据输入 SPSS 数据窗口,运行"多响应变量分析"命令,得到如表 5 - 6 所示的结果。

表 5 - 6 多响应变量分析结果

Category label	Code	count	Pct of Responses
未发表意见	0	9	15.0
可忽略	1	6	10.0
微小	2	10	16.7
一般	3	18	30.0
严重	4	14	23.3
关键	5	3	5.0
		—	—
	Total		100.0
	responses	60.0	

注: 0 missing cases; 20 valid cases

（1）左边起第 1 列"Category label"是构成多响应变量集的 3 个变量的 6 个标签：未发表意见、可忽略、微小、一般、严重与关键；与左边起第二列的"code"代码：0、1、2、3、4、5 相对应。

（2）左边起第 3 列"count"则是多响应变量取值分别为 0、1、2、3、4、5 的 6 个数的频数。"Total responses"值是回答结果的总数为 60。

（3）左边起第 4 列"Pct of Responses"中的每个数值表示与它在同一行的对应的"count"值占回答结果总数"60"的比例。如 10.0 表示"可忽略"这一结果出现的比例是 10%。

根据表 5 - 6 左起第 4 列中的数据结果，我们可以看出：在专家的 60 次评价中，有 30% 的评价认为文化差异风险的影响等级是"一般"，23.3% 的评价认为文化差异风险的影响等级是"严重"，16.7% 的评价认为文化差异风险的影响等级是"微小"，15% 未发表意见，10% 的评价认为文化差异风险的影响等级是"可忽略"，5% 的评价认为文化差异风险的影响等级是"关键"。认为文化差异风险的影响等级是"一般"的评价所占的比重最大，因此我们可以认为文化差异风险的影响等级是"一般"。

用同样的方法，依次可以得出知识链中其他各种风险的影响等级和风险的发生概率。再与表 5 - 4 中给出的风险等级对照，最终得出知识链风险的风险矩阵如表 5 - 7 所示。

表 5 - 7 知识链风险矩阵

序号	风险	风险影响	风险发生概率（%）	风险等级
1	机遇识别错误风险	关键	0 ~ 10	中
2	背景差异风险	严重	41 ~ 60	中
3	有限信息风险	微小	61 ~ 90	中
4	文化差异风险	一般	41 ~ 60	中
5	道德风险	严重	91 ~ 100	高
6	信任风险	一般	61 ~ 90	中
7	契约修改风险	一般	0 ~ 10	低

序号	风险	风险影响	风险发生概率（%）	风险等级
8	激励风险	微小	11～40	低
9	解散风险	一般	0～10	低
10	分配不均风险	关键	11～40	高
11	知识实时传播风险	严重	61～90	中
12	知识转移能力风险	关键	41～60	高
13	知识吸收能力风险	严重	61～90	中
14	知识难以量化风险	一般	11～40	中

表5-7的知识链风险矩阵与传统风险矩阵相比，主要有以下几个方面的不同：

（1）表5-7所示的知识链风险矩阵中"风险影响"与"风险概率"两栏中的数据是经过两步获得的。首先通过改进后的"专家调查法"获得调查数据，然后用多响应变量分析法对调查数据进行统计分析，进而得出"风险影响"与"风险概率"两栏中的数据。

（2）表5-7中数据的获得所采用的专家调查法与传统的专家调查法有所不同。在传统的专家调查法中，通常专家对同一个问题只给出一个确定的意见，而本书采用的专家调查法中，对于同一个问题，专家可以给出1～3个意见，这主要是因为知识链风险的"影响等级"和"发生概率"受很多不确定因素的影响，专家确实难以给出一个确定的意见，这正反映了客观实际；另外，传统的专家调查法采用轮番征询和反馈的办法获得理想结果，而本书只进行一次调查，但对一次调查的结果用多响应变量分析法作了统计分析。

（3）对于调查数据的分析，此处采用 SPSS 中的多响应变量分析法，这主要是因为多响应变量分析法更能综合反映专家的意见。

5.1.3 Borda 序值法对知识链风险矩阵的完善

当风险矩阵确定后，接下来的问题就是进一步确定哪一种风险是最重要的，哪一种风险是最不重要的，以便将有限的资源分配在最需要的地方。表5-7中只给出了三个定性的风险等级（高、中、低），并产生出一些风险结（Risks Tie），（风险结是处于同一等级，具有基本相同的属性还可以继续细分的风险模块）。如属于高风险等级的有道德风险、分配不均风险和知识转移能力风险三个风险结；属于中风险等级的有背景差异风险、有限信息风险、文化差异风险、信任风险、机遇识别错误风险、知识实时传播风险、知识转移能力风险和知识难以量化风险八个风险结；属于低风险等级的有契约修改风险、激励风险和解散风险三个风险结。为了将各种风险的等级区分的更加详细，为制定风险管理措施提供更加具体、准确的指导，有必要对风险结做进一步地处理。这就需要引入 Borda 序值法，将风险按照重要程度进行排序①。

设 N 为风险总个数，i 为某一个特定风险，k 表示某一准则。风险矩阵中只有两个准则：用 $k=1$ 表示风险影响 I，$k=2$ 表示风险概率 P。r_{ik} 表示风险 i 在准则 k 下的风险等级，风险 i 的 Borda 值可由式（5-1）给出：

$$b_i = \sum (N - r_{ik}) \qquad (5-1)$$

由式（5-1）可计算出，知识链风险的 Borda 值如表5-8中的"Borda 值"栏，算出各风险因素的 Borda 值后，就可以根据 Borda 序值的定义算出各种风险的 Borda 序值，其中 Borda 序值是表示比某一特定风险重要的风险的数目。如"道德风险"的 Borda 序值是0，说明没有比"道德风险"更重要的风险②。此处举例说明 Borda 值的计算，假设描述风险影响等级的"关键""严重""一般""微小""可忽略"分别用数字1、2、3、4、5表示；风险发生概率"91% ~

---

① 许晓东，吴松，路小刚. 简单多数票法和 Borda 法的防策略性分析 [J]. 华中科技大学学报（自然科学版），2005，33（11）：86 - 89.

② 王晓敏，胡毓达. 群体决策的模糊 Borda 数规则 [J]. 系统工程理论方法应用，2003，12（1）：14 - 19.

100% ""61% ~ 90% ""41% ~ 60% ""11% ~ 40% ""0 ~ 10% "分别用数字 1、2、3、4、5 表示。则"机遇识别风险"的 Borda 值 $b = (14 - 1) + (14 - 5) = 22$。知识链风险的 Borda 序值如表 5 - 8 中的"Borda 序值"栏。

表 5 - 8 　　　　　　　　 知识链 Borda 序值

序号	风险	风险影响	风险发生概率（%）	风险等级	Borda 值	Borda 序值
1	机遇识别错误风险	关键	0 ~ 10	中	22	3
2	背景差异风险	严重	41 ~ 60	中	23	2
3	有限信息风险	微小	61 ~ 90	中	21	4
4	文化差异风险	一般	41 ~ 60	中	22	3
5	道德风险	严重	91 ~ 100	高	25	0
6	信任风险	一般	61 ~ 90	中	23	2
7	契约修改风险	一般	0 ~ 10	低	20	5
8	激励风险	微小	11 ~ 40	低	19	6
9	解散风险	一般	0 ~ 10	低	20	5
10	利益分配不均风险	关键	11 ~ 40	高	23	2
11	知识实时传播风险	严重	61 ~ 90	中	24	1
12	知识转移能力风险	关键	41 ~ 60	高	24	1
13	知识吸收能力风险	严重	61 ~ 90	中	25	0
14	知识难以量化风险	一般	11 ~ 40	中	21	4

由 Borda 序值可知，知识链风险中，最重要的风险是道德风险和知识吸收能力风险；其次是知识实时传播风险和知识转移能力风险；最不重要的风险是激励风险。

由于知识链中存在众多风险，Borda 序值法不能将各种不同风险的重要程度一一区分开来，如道德风险和知识吸收能力风险同属于最重要的风险，但 Borda 序值法有效地降低了风险结的数量，与改善前的风险矩阵相比，Borda 序值法为知识链风险管理提供了更加具体的指导。

5.2 本章小结

通过综合应用改进后的专家调查法、多响应变量分析法、风险矩阵法和 Borda 序值法，可以对知识链中众多风险的重要程度做出排序。如，通过本书的研究可知，知识链中 14 种风险的重要程度可分为七个等级，且"道德风险"和"知识吸收能力风险"是重要程度最高的风险；"激励风险"是重要程度最低的风险。在风险控制过程中，可根据风险的重要程度对风险进行控制，具体如下：

为达到资源的优化配置，根据各种风险的重要程度，可以对它们分别进行控制，重要程度高的风险分配较多资源，重点控制；重要程度低的风险分配较少资源，非重点控制。也可以将风险根据重要程度分模块控制，如将 Borda 序值为"0"的重要程度最高的风险划分为第一模块；将 Borda 序值为"1"和"2"的风险划分为第二模块；Borda 序值为"3""4""5"的风险划分为第三模块；将其余风险划分为第四模块，然后给各模块分配不等的资源，分别进行控制。

总的来说，通过对知识链中各种风险重要程度的定量研究，可以在一定程度上降低知识链风险的发生，提高知识链成功运作的可能性。

6

知识链风险控制

在对知识链风险进行识别和评估之后，接下来就应该对风险进行处置。风险处置的策略主要有风险规避、风险自留、风险控制和风险转移四种，其中风险控制是风险处置的重点，是有效地降低知识链风险的重要策略，因此知识链风险控制也是本书的重点所在。

本章主要从九个方面，全面、系统地给出了知识链风险控制的具体措施，这九个方面分别是：（1）合理构建知识链风险管理机构；（2）合理选择知识链合作伙伴；（3）合理控制知识链合作伙伴数量；（4）合理构建知识链组织结构；（5）合理制定知识链知识共享协议；（6）合理确定知识链风险管理重点；（7）合理预估知识链成员伙伴行为；（8）合理分配知识链利益；（9）合理确定知识链风险管理参与群体。接下来，本章将对这九个方面的风险控制措施做具体探讨。

6.1 基于"独立—集成管理厅"的知识链风险管理机构

独立—集成管理厅是知识链的管理机构。由于构成知识链的成员组织都是独立的实体，它们各自有自己的利益追求；同时，知识链是一个合作组织，对其成员的管理远不像独立的组织那样具有效力；再有，构成知识链的成员组织通常数量众多，且彼此之间的关系错综复杂；还有，知识链共享的标的物"知识"是一种无形资产，它不像实物资产一样看得清，摸得着，量得准。知识链的管理非常复杂，知识链的风险控制非常困难。

在此，笔者提出了"独立—集成管理厅"的概念，以便对知识链风险进行有效地管理。

6.1.1 "独立—集成管理厅"的概念

"独立—集成管理厅"是受钱学森提出的"综合集成研讨厅"[①]的启发提出的。所谓"独立"是指"厅"内的管理人员独立于知识链的任何一个成员组织，不是任何一个成员组织的员工，不受任何一个成员组织的管理；所谓"集成"是指"厅"内不仅包含了具备各种所需知识和能力的专家，同时还包括大量的相关知识、技术、模型以及计算机、网络等软、硬件设施，它是一个人—机结合体。"独立—集成管理厅"是指由拥有不同知识的专家、各种相关知识、技术、模型和计算机等软、硬件构成，通过运用专家群头脑中的知识、"厅"内的模型库、数据库和知识库等软件资源和计算机等硬件资源来解决复杂问题的一个集团。它用来指导分析知识链系统风险管理的总体规划、分步实施方法和策略[②]。"厅"内专家可在不同的用户终端上发表见解，对其他专家的意见进行评价；还可在用户终端进行必要的数据信息查询，以获得问题的背景信息；并可利用厅提供的统一的公用数据和模型，对知识链风险进行管理。[③]

---

① 夏胜权. 基于综合集成研讨厅的工程项目集成风险管理研究 [J]. 科技信息，(25)：434 – 435.

② 唐卫宁，徐福缘. 基于 HWME 和 SCOR 的供应链风险管理 [J]. 科技管理研究，2008 (7)：263 – 265.

③ 徐聪. 论综合集成研讨厅 [J]. 合作经济与科技，2008 (9)：104 – 105.

6.1.2 "独立—集成管理厅"工作方式

（1）一般管理。即针对一般性问题进行的管理。在一般管理中，专家利用像模糊决策、人工智能等理论与方法进行决策，并用计算机系统汇总彼此的意见且相互交流，以提高专家研讨的质量和效率。一般性管理能在资源共享的网络环境中开展会议，在会议中每个人都可以随时发表自己的意见并即时查询和浏览其他专家公开发表的意见，同时记录每个专家发言的内容和时间，完成专家意见的及时收集、了解和电子表决功能。同时，由于网络资源的丰富性和计算机功能的强大性，一般管理能充分利用各种方法、资源和定性定量模型，管理效果是普通的管理模式无法比拟的。

（2）特定管理。即针对某一特定问题的管理。在特定管理中，首先利用管理厅的环境，明确需要解决的特定问题的性质、背景等信息，确定解决该问题的步骤和方法；其次，充分应用厅内的各种相关资源，如模型、数据等，建立并生成一个自主式的、人机交互的系统；最后，利用该集成系统，专门解决这一特定问题，为这一特定问题的解决开辟出一片独立的空间。[①]

6.1.3 "独立—集成管理厅"的支撑技术

"独立—集成管理厅"是集计算机技术、管理技术、系统工程技术为一体的、跨学科的综合性管理平台。当今，计算机技术、特别是两个 M（Massively Processing Technology，大规模并行处理技术；Multimedia，多媒体技术）和两个 O（Object-Oriented Technology，面向对象技术；Open System，开放系统技术）技术的迅猛发展，以及灵境（虚拟现实）技术、人工智能技术、通信技术和网络技术等的飞速发

---

① 余景元. 钱学森综合集成体系. http://www.kcpmit.com.cn/n133c7.aspx.

展，为研究复杂的巨系统问题奠定了基础。

"独立—集成管理厅"的核心支撑技术主要有：①分布式网络技术；②超媒体及信息融合技术；③综合集成技术；④模型管理技术和数据库技术；⑤人在回路中的研讨技术；⑥模糊决策及定性推理技术。模型库（MB）、数据库（DB）和知识库（KB）是系统各种资源的载体，它们集成了各种已有的信息、各种分析和解决问题的方法或算法，以及各种相关的规则、知识等。它们通过模型管理系统、数据库管理系统和知识处理系统进行访问、利用、综合和处理。在知识处理中用到模糊决策技术及定性推理技术、专家系统及 Delphi 等系统工程方法。人通过综合集成模块对各种资源进行处理、加工，然后把综合集成得出的信息送入信息融合模块，得出有用的、互相支持的信息，并通过多媒体及虚拟现实技术展现给人，人再利用研讨系统进行研讨。①

"独立—集成管理厅"是知识链的管理部门，负责知识链的全面管理，在"独立—集成管理厅"的构成过程中，尤其重要的是专家的选择。在知识链的构建之初，专家由知识链中的几个发起组织协商邀请；在知识链构建后，专家由知识链中的所有成员组织共同协商邀请。且专家会定期更换，以防止他们与知识链成员组织形成勾结的可能。

知识链中通常存在一个盟主。知识链中所有成员组织都被称为盟员，但往往存在着一个首先意识到市场机遇或掌握某一关键知识的组织，我们称其为盟主。知识联盟一般由盟主牵并且在知识联盟合作过程中，盟主企业较盟员有更多的共享动机，更迫切地需要寻找合适的合作伙伴抓住市场机遇，占领市场。

6.1.4　小结

本节旨在确定一个知识链风险管理的主体。"独立—集成管理厅"

---

① 唐卫宁，徐福缘. 基于 HWME 和 SCOR 的供应链风险管理 ［J］. 科技管理研究，2008（7）：263 – 265.

就是这样一个机构，主要负责知识链风险的管理。由于厅中聚集了丰富的风险管理资源，对于复杂的知识链来说，"独立—集成管理厅"有其独特的优势。但是，对于简单的知识链，如果使用"独立—集成管理厅"来管理，就必须权衡其经济性，以防过高的管理费用给知识链带来的风险。实际上，我们应该根据知识链自身的特性来确定合适的管理机构。本节所构建的"独立—集成管理厅"主要适用于复杂知识链，对于简单知识链，我们也可以利用这一思想组建一个具有类似功能的风险管理机构，只是需要降低其复杂性，以避免头重脚轻现象的出现。需要指出的是，由于知识链的高风险性，从其组建之初起，我们就应该为它确定一个风险管理机构。但该机构的确定需要考虑其实用性、合理性和经济性等。

6.2 基于物元分析法的知识链合作伙伴选择

作为一种面向长远发展的以联盟关系连接起来的组织合作形态，由于对其合作伙伴缺乏像建立在合并关系上的强有力的行政和经济控制手段，因而极易发生合作伙伴背叛合作承诺的不利情形，造成知识链风险①。有效评估合作伙伴，并对合作伙伴进行合理的取舍，是降低知识链风险的方法之一。笔者拟采用物元分析法、风险矩阵法和Borda法对合作伙伴进行量化评估，从而为知识链合作伙伴的选择提供量化依据。

6.2.1 合作伙伴选择的影响因素分析

在选择合作伙伴时，必须评估该合作伙伴可能带来的风险，本书

---

① Paik Yongsun. Risk management of strategic alliances and acquisitions between western MNCs and companies in central Europe [J]. Thunderbird International Business Review, 2005, 47 (4): 489 – 511.

暂且认为，对于某一知识链的合作伙伴，主要存在以下七个方面的风险。

（1）合作伙伴自身经营能力风险。作为知识链的一员，每一个成员组织如果想实现自己当初加入知识链的目的，首先要保证自身的经营不出现问题。如果合作伙伴可能由于自身生产能力、财务能力、管理能力等方面的不足而给自己的经营带来风险，那么这些风险必将影响它加入的知识链，从而给知识链带来相应的一些风险。所以，在选择合作伙伴时，首先要清楚该合作伙伴的自身经营能力，努力规避合作伙伴自身经营能力风险。

（2）背景差异风险。构成知识链的合作伙伴之间的背景差异，特别是学习、交流方面的文化差异，会极大地影响它们之间的知识流动、共享与创造，进而影响合作伙伴之间获得均衡的知识，引发获得知识少的合作伙伴的不满，增加知识链运作的风险。

（3）道德风险。知识链中的合作伙伴是独立的法人，他们分别拥有各自的利益追求，并且没有更高一级的权威机构监督它们的行为。因此，在这种合作中，非常容易出现合作伙伴的道德风险，他们可能会有意违背当时的合作承诺，有意不完成知识的共享等，从而影响知识链的成功运行。

（4）信任风险。对于知识链来说，合作伙伴间的相互信任非常重要。只有在充分信任的基础上，他们才会相信对方不会违约，才会将知识拥有的知识尽可能多的与其他组织分享。实践证明，知识链的失败，归根结底为合作伙伴间的不信任。只有合作伙伴间相互信任，信守承诺，才能使知识共享计划得以实施，才能使知识链最终取得成功。

（5）知识转移能力风险。合作伙伴对知识的编码和表达能力会对知识转移产生重要的影响。即使合作伙伴拥有先进的知识，且有很强的知识共享动力，但如果它不能将自己的知识表达清楚，不能将这些知识转移给其他组织，知识链共享知识与创造知识的目的就难以实现。因此，合作伙伴的知识转移能力对知识链的成功运作起着至关重要的作用。

（6）知识吸收能力风险。知识吸收能力是指组织消化、吸收和应用知识的能力。合作伙伴已有的知识储备、组织文化等对它的吸收能力有很重要的影响。与知识转移能力一样，合作伙伴的知识吸收能力对于知识链的成功运作有着显著的影响。

（7）知识实时传播风险。知识的实时传播可以降低对知识进行重复研究的成本、缩短开发新知识的时间并防止知识的过时，但由于合作伙伴的能力和动机等方面的原因，可能造成知识无法实时传播，从而产生风险[①]。

6.2.2　基于物元分析的合作伙伴定量评估

6.2.2.1　物元分析的原理

给定知识链合作伙伴的名称 N，风险 c 和风险 c 的评估值 x，以有序三元组 $R = (N, c, x)$ 作为描述合作伙伴的基本元，简称物元。合作伙伴的名称 N、风险 c 和风险评估值 x 称为物元的三要素。合作伙伴的选择会带来多种风险，假设有 n 种风险 c_1、c_2、$\cdots$、c_n 及它们相应的评估值 x_1、x_2、$\cdots$、x_n。则式（6 - 1）

$$R = \begin{bmatrix} N, & c_1, & x_1 \\ & c_2, & x_2 \\ & \cdots, & \cdots \\ & C_n, & x_n \end{bmatrix} = \begin{bmatrix} R_1 \\ R_2 \\ \cdots \\ R_n \end{bmatrix} \qquad (6-1)$$

称为多维物元，其中，$R_i = (N, c_i, x_i)(i = 1, 2, \cdots, n)$ 称为 R 的分物元。[②]

---

① 单泪源，冯晓研. 决策者效用对供应链风险管理的影响研究 [J]. 现代管理科学，2005，(12)：6 - 8.

② 修国义，齐攀. 基于物元分析的虚拟企业风险分析 [J]. 管理现代化，2007 (3)：47 - 49.

如果把合作伙伴用优良、较好、一般、较差四个等级评价，用 $N_{0j}(j = 1, 2, \cdots, m)$ 表示，相应的风险评估值用 X_{0i} 表示，即第 j 个等级的合作伙伴的风险 c_i 为评估值的可取范围。令式（6-2）

$$R_{0i} = (N_{0i}, C, X_{0i}) = \begin{bmatrix} N_{0i}, & c_1, & x_{0i1} \\ & c_2, & x_{0i2} \\ & \cdots, & \cdots \\ & c_n, & x_{0jn} \end{bmatrix} = \begin{bmatrix} N_{0i}, & c_1 & <a_{0i1}, & b_{0i1}> \\ & c_2, & <a_{0i2}, & b_{0i2}> \\ & \cdots, & \cdots \\ & c_n, & <a_{0in} & b_{0in}> \end{bmatrix}$$

$$(6-2)$$

为各优劣等级的合作伙伴对应的各种风险的评估值的经典域。

其中，a_{0jn}，b_{0jn} 分别表示 j 等级的合作伙伴的风险 c_n 的评估值可取的上、下限的经典域值。区间 $<a_{0jn} b_{0jn}>$ 既可以包含点 a_{0jn} 或点 b_{0jn}，也可以不包含点 a_{0jn} 或点 b_{0jn}。令式（6-3）

$$R_v = (V_j, C, X_v =) = \begin{bmatrix} V, & c_1, & x_{v1} \\ & c_2, & x_{v2} \\ & \cdots, & \cdots \\ & c_n, & x_{vn} \end{bmatrix} = \begin{bmatrix} V, & c_1, & <a_{v1}, & b_{v1}> \\ & c_2, & <a_{v2}, & b_{v2}> \\ & \cdots, & \cdots \\ & c_n, & <a_{vn} \end{bmatrix}$$
$$(6-3)$$

为 V 的节域，其中，V 表示合作伙伴等级的全体；x_{vn} 为风险 c_n 在所有等级的评估值范围。令式（6-4）

$$R = \begin{bmatrix} N, & c_1, & x_1 \\ & c_2, & x_2 \\ & \cdots, & \cdots \\ & c_n, & x_n \end{bmatrix}$$
$$(6-4)$$

为待评合作伙伴 N 的各风险评估值的物元集合。

其中，x_n 为风险 c_n 的评估值，令待评合作伙伴的风险 c_n 的关联函数值为 $K_j(x_n)$，各风险的权重系数为 w_n，由此，求出待评合作伙伴各优劣等级上风险的综合关联度为 $K_j(N)$，找出该合作伙伴关联度最大值所在的等级，则该等级便是该合作伙伴所属的等级，从而对合作伙伴优劣做出评价。

6.2.2.2　物元分析的步骤

（1）确定合作伙伴优劣等级（优良、较好、一般、较差）的经典域和节域，用式（6-2）、式（6-3）表示；

（2）确定待评合作伙伴物元集合，用式（6-4）表示；

（3）确定各种风险的权重系数 w_i，且

$$\sum w_i = 1，其中 i = 1, 2, \cdots, n \qquad (6-5)$$

（4）确定待评合作伙伴的各种风险 c_i 对于各优劣等级的关联函数。其中，$K_j(x_{1i})$ 表示待评合作伙伴第 i 个风险在第 j 个等级的关联函数值，x_{li} 是评估出的第 i 种风险发生的概率，a_{0ji}、b_{0ji} 是第 j 个等级的下、上界，X_{vi} 是节域上、下界的差的绝对值。关联函值越大，说明该合作伙伴第 i 种风险属于第 j 个等级的程度越高。

$$K_j(x_{1i}) = \begin{cases} \rho(x_{1i}, X_{0ji})/[\rho(x_{1i}, X_{vi}) - \rho(x_{1i}, X_{0ji})] & 当 x_{1i} \notin X_{0ji} \\ -\rho(x_{1i}, X_{0ji})/|X_{0ji}| & 当 x_{1i} \in X_{0ji} \end{cases}$$

$$(6-6)$$

$$\rho(x_{1i}, X_{0ji}) = \begin{cases} a_{0ji} - x_{1i}, & 当 x_{1i} \leq (a_{0ji} + b_{0ji})/2 \\ x_{1i} - b_{0ji}, & 当 x_{1i} > (a_{0ji} + b_{0ji})/2 \end{cases} \qquad (6-7)$$

$$\rho(x_{1i}, X_{vi}) = \begin{cases} a_{vi} - x_{1i}, & 当 x_{1i} \leq (a_{vi} + b_{vi})/2 \\ x_{1i} - b_{vi}, & 当 x_{1i} > (a_{vi} + b_{vi})/2 \end{cases} \qquad (6-8)$$

$$|X_{0ji}| = |b_{0ji} - a_{0ji}| \qquad (6-9)$$

（5）计算待评合作伙伴与等级 j 的关联度

$$K_j(N) = \sum w_i K_j(x_{1i})，其中 i = 1, 2, \cdots, n \qquad (6-10)$$

（6）对待评合作伙伴的优劣等级进行评定，若

$$K_{j0}(N) = \max K_j(N) \qquad (6-11)$$

则待评合作伙伴 N 属于等级 j，其中 $\max K_j(N)$ 指待评合作伙伴在四个等级中最大关联度值所在的等级[①]。

---

① 刘芳. 物元分析在决策领域的应用 [J]. 安庆师范学院学报, 1999, 5 (2): 40-43.

6.2.3　合作伙伴的等级确定及评估

6.2.3.1　合作伙伴优劣等级标准

本书对合作伙伴的评估主要是对它可能给知识链带来的风险的评估。通常，对风险的评估主要包括三个方面：一是风险的种类；二是风险发生的概率；三是风险发生后的影响大小。由于各合作伙伴可能给知识链带来的风险种类是一样的，只是不同的合作伙伴各种风险发生的概率和由此带来的影响大小不同，因此本书只对各种风险发生概率和他们对知识链的影响大小做评估。

根据惯例，本书将合作伙伴划分为四个等级：N_{o1}（优良）、N_{o2}（较好）、N_{o3}（一般）、N_{o4}（较差），可用以下四个矩阵表示。

$$R_{o1} = \begin{bmatrix} N & \text{经营能力风险} & [0,\ 0.2] \\ & \text{背景差异风险} & [0,\ 0.2] \\ & \text{道德风险} & [0,\ 0.2] \\ & \text{信任风险} & [0,\ 0.2] \\ & \text{知识转移能力风险} & [0,\ 0.2] \\ & \text{知识吸收能力风险} & [0,\ 0.2] \\ & \text{知识实时传播风险} & [0,\ 0.2] \end{bmatrix}$$

$$R_{o2} = \begin{bmatrix} N & \text{经营能力风险} & (0.2,\ 0.5] \\ & \text{背景差异风险} & (0.2,\ 0.5] \\ & \text{道德风险} & (0.2,\ 0.5] \\ & \text{信任风险} & (0.2,\ 0.5] \\ & \text{知识转移能力风险} & (0.2,\ 0.5] \\ & \text{知识吸收能力风险} & (0.2,\ 0.5] \\ & \text{知识实时传播风险} & (0.2,\ 0.5] \end{bmatrix}$$

$$R_{o3} = \begin{bmatrix} N & 经营能力风险 & (0.5, 0.8] \\ & 背景差异风险 & (0.5, 0.8] \\ & 道德风险 & (0.5, 0.8] \\ & 信任风险 & (0.5, 0.8] \\ & 知识转移能力风险 & (0.5, 0.8] \\ & 知识吸收能力风险 & (0.5, 0.8] \\ & 知识实时传播风险 & (0.5, 0.8] \end{bmatrix}$$

$$R_{o4} = \begin{bmatrix} N & 经营能力风险 & (0.8, 1] \\ & 背景差异风险 & (0.8, 1] \\ & 道德风险 & (0.8, 1] \\ & 信任风险 & (0.8, 1] \\ & 知识转移能力风险 & (0.8, 1] \\ & 知识吸收能力风险 & (0.8, 1] \\ & 知识实时传播风险 & (0.8, 1] \end{bmatrix}$$

其中，数字 0、0.2、0.5、0.8、1 表示所对应的风险发生的概率；风险发生的概率越低，合作伙伴的等级就越好。

设合作伙伴等级的全体为 V，则各种风险 c_i 的节域为

$$R_v = \begin{bmatrix} N & 经营能力风险 & [0, 1] \\ & 背景差异风险 & [0, 1] \\ & 道德风险 & [0, 1] \\ & 信任风险 & [0, 1] \\ & 知识转移能力风险 & [0, 1] \\ & 知识吸收能力风险 & [0, 1] \\ & 知识实时传播风险 & [0, 1] \end{bmatrix}$$

6.2.3.2 合作伙伴物元集合的确定

合作伙伴物元集合的确定实际上是对与合作伙伴相关的各种风险的评估，本书采用改进后的专家调查法并结合 SPSS 中的多响应变量分析获得针对合作伙伴的各种风险的评估值。

多响应变量分析是 SPSS 软件提供的一种统计分析工具。在当前社会实践活动中大量存在这样的变量，对于一个确定的观测对象，该变量有几个值与之对应。例如，当问到您喜欢什么颜色时，您可能既喜欢红色，也喜欢蓝色。如果让您按照喜欢程度排一下顺序时，您的回答是：红色第一，蓝色第二。这就构成了对一个问题（变量）的多个选择（响应）。[①] 在对知识链合作伙伴风险进行评估时，有时并不能百分之百的确定某种风险发生的概率。因此，在采用专家调查法时，可以让每一位专家对同一风险的发生概率给出两种不同的结果，并对这两种结果按专家的同意程度排序。从而构成了一个多响应变量问题。

为作实例分析，笔者作了一次对知识链风险的调查，该调查是在三所研究院和三所高校中进行的，采取的是问卷和面谈相结合的方法，调查的专家一共有 23 人，发出问卷 23 份，收回 22 份，其中有效问卷 20 份，调查中的一个问题如下。

问题：知识链合作伙伴风险中有一种风险是"自身经营能力风险"，请您判断该风险发生的概率，其中风险发生概率一共分四种可能，如表 6-1 所示。

表 6-1   风险发生概率描述

风险概率范围%	解释说明
0.1	非常不可能发生
0.4	可能发生
0.7	很可能发生
0.9	基本肯定发生

请从中选择 1~2 个概率作为您对"自身经营能力风险"发生概率的评价结果，如果你的评价结果不止一个，请对结果按您的同意程

---

① 卢纹岱. SPSS11 for Windows 统计分析 [M]. 北京：电子工业出版社，2006：579 - 588.

度由高到低排序。假如您认为"自身经营能力风险"的发生概率最可能是"0.1",其次可能是"0.4",则请您在"0.1"前写①,"0.4"前写②。

○0.1　　　○0.4　　　○0.7　　　○0.9

调查结果如表6-2所示:

表6-2　　　　　自身经营能力风险发生概率专家调查结果表

r ＼ n	1	2	3	4	5	6	7	8	9	10	11	12	13	14	15	16	17	18	19	20
P_1	2	2	2	1	3	1	2	2	2	1	3	2	2	1	3	3	3	2	2	
P_2	1	0	1	1	2	2	2	1	4	3	2	2	1	3	2	2	4	2	1	1

其中"n"为专家编号,"r"为专家给出的结果,其中"P_1"为专家最认同的自身经营能力风险发生概率,"P_2"为专家第二认同的自身经营能力风险发生概率。"P_1""P_2"所在行中的数字0~4分别代表专家未发表意见和认为风险发生概率为0.9、0.7、0.4、0.1。

由于受有限理性、环境变化等因素的影响,多数专家对自己评估的风险发生概率并不能完全肯定,为此他们对每种风险给出了多于一个的评估值,以客观反映实际情况。那么,该如何分析专家们对于自身经营能力风险发生概率给出的结果,就需要用到多响应变量分析法。

将表6-2中数据输入SPSS数据窗口,运行"多响应变量分析"命令,可得表6-3所示结果。

表6-3　　　　　　　　多响应变量分析结果

Category label	Code	count	Pct of Responses	Pct of Cases
未发表意见	0	1	2.5	5.0
10%	4	2	5.0	10.0
40%	3	7	17.5	35.0

Category label	Code	count	Pct of Responses	Pct of Cases
70%	2	19	47.5	95.0
90%	1	11	27.5	55.0
		—	—	—
	Total	40.0	100.0	200.0

由表 6-3 可知，"自身经营能力风险" 发生的概率应是 0.7。同样，可以得到其他风险发生的概率，具体如表 6-4 "发生概率" 栏。

表 6-4　　　　　　　　风险影响程度调查结果

序号	风险	发生概率	影响大小
1	自身经营能力风险	0.7	关键
2	背景差异风险	0.4	微小
3	道德风险	0.9	关键
4	信任风险	0.4	一般
5	知识转移能力风险	0.4	严重
6	知识吸收能力风险	0.4	严重
7	知识实时传播风险	0.7	严重

用同样的方法，可以得出各种风险的影响大小，具体如表中 "影响大小" 栏。其中，"风险影响大小" 有四个等级，具体描述如表 6-5 所示。

表 6-5　　　　　　　　风险影响大小描述

风险影响大小	描述
关键	一旦风险事件发生，将导致知识流动、共享与创造停止，知识链目标无法实现
严重	一旦风险事件发生，知识流动、共享与创造将大幅度延缓，甚至导致知识链目标无法实现

风险影响大小	描述
一般	一旦风险事件发生，知识流动、共享与创造将有所延缓，但知识链目标最终可以实现
微小	一旦风险事件发生，对知识链影响不大

需要说明的是，由于涉及的专家数量比较少，看不出使用多响应变量分析法与通常的频数分析法对最终结果有什么不同，事实上，当专家数量较多时，多响应变量分析法得出的结果将与频数分析法得出的结果不同，且由于多响应变量分析法综合考虑了专家的多种意见，得出的结果将更加合理。

6.2.3.3 各种风险权重的确定

权重指各种风险对知识链风险管理的重要性。它包括两个方面的因素：一是风险发生的概率；二是风险发生后造成的影响的大小。为了计算各种风险的权重，本书引入 Borda 序值法，将风险按照重要性进行排序。[①]

N 为风险总个数，i 为某一个特定风险，k 表示某一准则。本书只有两个准则：用 $k=1$ 表示风险影响大小，$k=2$ 表示风险概率。r_{ik} 表示风险 i 在准则 k 下的风险等级，风险 i 的 Borda 值可由式（6-12）给出：

$$b_i = \sum (N - r_{ik}) \qquad (6-12)$$

由式（6-12）可计算出知识链风险的 Borda 值如表 6-6 中的"Borda 值"栏。此处举例说明 Borda 值的计算，假设描述风险影响大小的"关键""严重""一般""微小"分别用数字 1、2、3、4 表示；风险发生概率"0.9""0.7""0.4""0.1"分别用数字 1、2、3、4 表示。则"自身经营能力风险"的 Borda 值 $b = (7-2) + (7-1) = 11$。

---

① 许晓东，吴松，路小刚. 简单多数票法和 Borda 法的防策略性分析 [J]. 华中科技大学学报（自然科学版），2005，33（11）：86-89。

算出各风险因素的 Borda 值后，可根据 Borda 序值的定义算出各种风险的 Borda 序值，其中 Borda 序值是表示比某一特定风险重要的风险的数目。如"道德风险"的 Borda 序值是 0，说明没有比"道德风险"更重要的风险。知识链合作伙伴风险的 Borda 序值如表 6 – 6 中的"Borda 序值"栏。[①]

表 6 –6　　　　　　　　　　各种风险的 Borda 序值

序号	风险	发生概率	影响大小	Borda 值	Borda 序值	权重
1	自身经营能力风险	0.7	关键	11	1	0.208
2	背景差异风险	0.4	微小	7	5	0.042
3	道德风险	0.9	关键	12	0	0.25
4	信任风险	0.4	一般	8	4	0.083
5	知识转移能力风险	0.4	严重	9	3	0.125
6	知识吸收能力风险	0.4	严重	9	3	0.125
7	知识实时传播风险	0.7	严重	10	2	0.167

由表 6 –6 的"Borda 序值"栏可知各种风险的相对重要性，如果要满足各风险的权重之和为 1，且假设各种风险的 Borda 序值是一个等距排序，则经过换算后的各种风险的权重如表 6 –6 的"权重"栏。权重的计算举例如下：因为自身经营能力风险、背景差异风险、道德风险、信任风险、知识转移能力风险、知识吸收能力风险、知识实时传播风险的 Borda 序值分别为 1、5、0、4、3、3、2，即它们的重要性排序为 5、1、6、2、3、3、4，所以自身经营能力风险的权重的计算为 5/（5 +1 +6 +2 +3 +3 +4）=0.208。

6.2.3.4　各种风险关于合作伙伴等级的关联函数值

根据式（6 -6）~ 式（6 -9），得到各风险关于合作伙伴等级 j 的

① 王晓敏，胡毓达. 群体决策的模糊 Borda 数规则 [J]. 系统工程理论方法应用，2003，12（1）：14 –19.

关联函数值 $K_j(x_{1i})$，

以"道德风险"为例，说明关联函数值的计算过程。"自身经营能力风险"关于合作伙伴"优良"等级的关联函数值 $K_1(x_{11}) = (x_{11} - b_{011})/[(x_{11} - b_{v1}) - (x_{11} - b_{011})] = (0.9 - 0.2)/[(0.9 - 1) - (0.9 - 0.2)] = -0.875$，同理可以算出其他关联函数值，具体如表 6 - 7 所示。通常，关联函数值越大，表明该风险属于 j 级的程度越大。

表 6 - 7 关联函数值

风险类型 \ 等级	优良	较好	一般	较差
能力同质风险	- 0.625	- 0.4	0.5	- 0.25
背景差异风险	- 0.333	0.333	- 0.2	- 0.5
道德风险	0.875	- 0.8	- 0.5	0.125
信任风险	- 0.333	0.333	- 0.2	- 0.5
知识转移能力风险	- 0.333	0.333	- 0.2	- 0.5
知识吸收能力风险	- 0.333	0.333	- 0.2	- 0.5
知识实时传播风险	- 0.625	- 0.4	0.5	- 0.25

6.2.3.5 合作伙伴等级确定

根据式（6 - 10）、表 6 - 6 中各种风险的权重和表 6 - 7 中的关联函数值，可计算得合作伙伴与各等级的关联度。如，合作伙伴与等级"优良"的关联度 $K_1(N) = \sum w_i K_1(x_{1i}) = 0.208 \times (-0.625) + 0.042 \times (-0.333) + 0.25 \times (0.875) + 0.083 \times (-0.333) + 0.125 \times (-0.333) + 0.125 \times (-0.333) + 0.167 \times (-0.625) = -0.1405$，同样可计算得合作伙伴与等级"较好""一般"和"较差"的关联度分别为 $K_2(N) = -0.225125$、$K_3(N) = -0.0125$、$K_4(N) = -0.25$。

根据式（6 - 11）和 $K_1(N)$、$K_2(N)$、$K_3(N)$ 和 $K_4(N)$ 的值可知该合作伙伴所属的等级是"一般"。

6.2.3.6 合作伙伴的选择

根据合作伙伴所属的等级，便可对合作伙伴进行选择，通常选择等级较高的组织作为知识链合作伙伴。如果经过评估后，各个合作伙伴的等级都是"较差"，则可以重新选择组织进行评估；如果两个或两个以上的合作伙伴同属于"优良"等级，则可根据其他条件对这些属于同一等级的合作伙伴作进一步的评估和区分。

6.2.4 小结

知识链合作伙伴评估、选择对知识链风险管理是非常重要的一个环节。本节为了计算方便，把合作伙伴的评估结果划分为"优良""较好""一般"和"较差"四个等级。在实践中，为了评估的精确，可以将合作伙伴等级划分得再多一些，再细一些，这样有利于对众多合作伙伴的等级作出区分。

另外，风险是知识链本身所固有的一种属性，对于不同的知识链，它所包含的风险种类不尽相同。本书只是列举了在知识链伙伴选择时普遍需要考虑的七种较为重要的风险，在实践中，对于某一特定的知识链，在进行伙伴评估时，需要考虑的风险不一定只是包括本书所列举的七种，具体的风险种类需要根据实际情况而定，本书重在提出一种合作伙伴评估与选择的方法。

还有，本节对合作伙伴的评估采用的是物元分析法、Borda 序值法和专家调查法相结合的组合评价方法，实际上，对合作伙伴量化评估的方法很多，比如模糊综合评价法，也可以得出类似的结论，本节之所以采用组合评价法，是为了让评估的结果更加合理、客观。

6.3 基于 n 重贝努力实验的知识链合作伙伴数量控制

首先，界定一下本节所研究的数量控制理论所针对的知识链的类型。

通常，从成员组织所拥有的知识和能力的特性划分，知识链可分为三个大类：

第一类是各成员组织之间的知识和能力具有互补性。具体来讲，假设完成一个项目需要 1、2、3、4、5 五个方面的知识，那么为完成这个项目而组建的知识链也正好由 A、B、C、D、E 五个组织构成，且在这五个组织中，A 拥有知识 1，B 拥有知识 2，C 拥有知识 3，D 拥有知识 4，E 拥有知识 5。这个知识链是完全互补性知识链。

第二类是除发起者外，知识链其他成员组织的知识和能力是相类似甚至是完全相等的。具体来讲，当完成一个项目需要两个方面的知识 1、2 时，当发起者 A 拥有知识 1 时，他需要与拥有知识 2 的组织 B 构成知识链。但为了不使自己受制于 B，给自己多个选择，提高自己成功的概率，A 可能不仅仅与 B 构成知识链，还可能同时与同样拥有知识 2 的组织 C、D、E 等构成知识链。我们把这种知识链叫做完全竞争性知识链。这就出现了一个问题，A 究竟该与同样拥有知识 2 的多少个组织构成相同的知识链才能使它成功的概率增大？在资源充足的情况下，是不是合作的组织越多，A 成功的概率就越大？

第三类是混合性知识链，即知识链中即有互补性成员，又有竞争性成员。

本节所提出的对合作伙伴数量进行控制的理论，是针对完全竞争性知识链提出的。因为对于完全互补性知识链来说，如果一个项目需要 N 个方面的知识，且各方面的知识被不同的组织所拥有，那么，该知识链至少需要分别拥有这 N 个方面知识的 n 个合作伙伴。如果合作伙伴的数量再增加，那就转化成对完全竞争性知识链的研究了。而对于混合性知识链，其合作伙伴的数量控制问题实际上跟完全竞争性知识链的数量控制是相类似的，所以不再赘述。

6.3.1 知识链成员数量进行控制的理论依据

先通过一个例子来说明此理论成立的条件。

甲、乙、丙三名射手向同一目标射击，把每个射手的射击看作是一个试验，共有三个试验，假定每个射手射中目标与否是相互独立的，我们就说这三个试验是相互独立的。一般地，假定 n 个试验的试验结果是相互独立的，便称这 n 个试验相互独立。[1][2]

如果在一个事件中只关心某个事件 A 是否发生，那么称这个试验为贝努利（Bernoulli）试验，相应的数学模型称为贝努利模型。

通常记：

$$P(A) = p，其中 0 < p < 1。$$

如果把贝努利试验独立地重复 n 次，这 n 个试验合在一起称为 n 重贝努利试验。在 n 重贝努利试验中，主要研究事件 A 发生的次数。

设事件 B_k 表示 "n 重贝努利试验中事件 A 发生了 k 次"。容易看出，$k = 0、1、2、\cdots、n$。通常记 $P(B_k)$ 为 $P_n(k)$。由于 n 个试验是相互独立的，因此事件 A 在指定的 k 个试验中发生，且在其余 $(n-k)$ 次试验中不发生，例如在前 k 次试验中发生，且在后 $(n-k)$ 次试验中不发生的概率为

$$\underbrace{P\cdots p}_{k个}\underbrace{(1-p)\cdots(1-p)}_{n-k个} = p^k(1-p)^{n-k}$$

由于这种指定的方式有 C_n^k 种，且它们是两两互不相容的，因此

$$P_n(k) = C_n^k p^k (1-p)^{n-k} (k = 0, 1, 2, \cdots, n)$$

容易验证：

$$\sum P_n(k) = \sum C_n^k p^k (1-p)^{n-k}$$
$$= [p + (1-p)]^n$$
$$= 1$$

因此，通常称 $P_n(k)$ 为二项概率。其中 k 服从参数为 n, p 的二项分布，记作 $k \sim B(n, p)$，其中 $0 < p < 1$。

---

[1] 同济大学概率统计教研组. 概率统计 [M]. 上海：同济大学出版社，2000：23 - 30.

[2] 袁荫裳. 概率论与数理统计 [M]. 北京：中国人民大学出版社，1989：78 - 80.

在二项分布中，当 $n=1$ 时，称 k 服从参数为 p 的 $0 \sim 1$ 分布，记作 $k \sim B(1, p)$。这时，k 的函数为

$$P(k) = p^k (1-p)^{1-k} (k=0, 1)$$

也可以用表 6-8 的形式来表示：

表 6-8   二项分布

k	0	1
P	$1-p$	p

凡是样本空间仅由两个样本点构成的试验都可以用服从 $0 \sim 1$ 分布的随机变量来刻画。例如产品质量的优劣，天气的晴雨以及合作的成功等，都可以视作服从 $0 \sim 1$ 分布的随机变量。[1]

从以上描述可以得出，符合二项分布的事件有以下几个特点：

（1）每一次试验事件的结果具有随机性；

（2）每一次试验只具有两种结果即 0 或 1；

（3）各次试验间相互独立；

（4）每次试验都是对上一次试验的重复，也可以说各次试验间具有相似性。

概率是随机事件发生的可能性大小的一种量度，度量的方式是否符合实际应该由实践来检验。例如在上抛一枚均匀硬币的随机试验中，按古典概率算得"出现正面"这一随机事件 A 的概率为 0.5。如果我们把这枚均匀硬币上抛 10000 次，那么出现正面的次数是否会是 5000 次？通常称 $F_n(A) \approx n_A/n$ 为事件 A 在 n 次重复试验中出现的频率，其中 n_A 表示事件 A 在 n 次重复试验中出现的次数，即频数。换句话说，事件 A 的概率是否会与 10000 次重复试验中 A 出现的频率大致相等？历史上不少人做了试验，得到了许多数据，限于篇幅，本书列出三组数据，如表 6-9 所示。

---

[1] 周誓达. 概率论与数理统计 [M]. 北京：中国人民大学出版社，2000：140-153.

表 6 – 9　　　　　　　　　　　**n 次重复试验结果**

K·皮尔逊	24000	12012	0.5005
试验	试验次数 n	出现正面的频数 a_n	出现正面的频率 $f_n(A)$
蒲丰	4040	2048	0.5069
K·皮尔逊	12000	6019	0.5016
K·皮尔逊	24000	12012	0.5005

从这三组数据可以看出，当试验次数 n 较大时，频率 $f_n(A)$ 的值在 0.5 附近，并且随着 n 的增大它逐渐稳定到 0.5 这个数值上。因而，概率 $P(A) = 0.5$ 的确反映了抛起一枚均匀硬币时出现正面这一事件发生的可能性的大小。人们经过长期的实践发现，虽然一个随机事件在一次试验中可能发生也可能不发生，但是在大量重复试验中这个事件发生的频率却具有稳定性。因此，对于任意一个事件 A，n 次重复试验中事件 A 发生的频率 $f_n(A)$ 随着 n 的增大将稳定到某一个常数。而对于二项分布，其概率将稳定在 0.5。[①]

从上面的描述可以得出，对于"不把所有鸡蛋放在一个篮子里"的说法虽然正确，但盲目的放在太多的篮子时，风险又与放在一个篮子里时相同，因此篮子数量的选择需要适度。

6.3.2　知识链成员数量控制

知识链是指由两个或两个以上拥有不同知识的组织为实现知识转移、共享与创造组成的合作组织。从知识链的定义可知：

首先，知识链中的各成员相互之间是独立的，因此可以假定，A 与 B 的合作是否成功与不受 A 与 C 的合作的影响。从而满足了 n 重贝努利试验中各事件相互独立的要求。

其次，由于各对合作伙伴不仅会受到像政治、经济、市场等客观

环境的影响，而且成员伙伴各自的特性和知识本身特性等众多因素的影响，成功与否不完全由合作各方控制。因此我们暂且假定合作成功与否是一个随机事件，且符合 0 ~ 1 分布。

再次，根据完全竞争性知识链的概念可知，A 与 B 构成的知识链与 A 与 C、A 与 D 等构成的知识链具有相似性，因此可以看成是重复试验。

从以上三点分析可以得出，完全竞争性知识链中各对合作成功与否的概率分布与 n 重贝努利试验的结果具有相似性，可以运用 n 重贝努利试验的结果对完全竞争性知识链成功与否的概率进行描述。即当 n 足够大时，即合作伙伴数量足够多时，不成功合作的数量将占总合作数量的一半，也就是说有 50% 的两两合作是失败的。这样做，虽然从理论上来看，另外 50% 的合作是成功的，因此 A 肯定可以完成这个项目。虽然好像提高了 A 成功的概率，但是实际上，我们分析的前提是，A 是不受资源限制的，且两两合作是独立的，事实上，A 的资源是有限的，两两合作也不是独立的。因为这么多的合作，必然给 A 带来资源上的分散，管理的混乱与合作的不专一等，这可能会使得 A 的每一个合作都大打折扣，甚至可能导致所有合作的失败。因此，盲目地增加完全竞争性合作伙伴的数量对降低知识链的风险是没什么正面作用的。我们应该把这种完全竞争性合作伙伴的数量控制在一个合理的范围内。

6.3.3　小结

该部分综合运用概率论中 n 重贝努利试验的特点和其试验结果趋于稳定的事实，结合知识链的特点，在充分分析二者联系的基础上，指出知识链中成员组织的数量也应该控制在适当的范围内，第一次从理论上证明了应该对知识链成员组织数量加以控制。

但需要注意的是，该理论只是证明知识链合作伙伴的数量不宜太多，但究竟多少才是合适的，还没有给出一个明确的说明，有待后续的进一步研究。

6.4　基于串—并联的知识链组织结构设计

6.4.1　知识链组织结构设计的原则

为降低知识链风险，实现知识链知识共享的目的，知识链组织结构设计应遵循以下四条原则：①

（1）集权与授权相结合的原则。由于知识链可能面临快速变化的外部环境和市场需求，加之知识的生命周期又可能非常短，因此需要集权以保证畅通的知识共享渠道，需要根据外部环境和市场机会的变化修改或重新制定合作计划，以获取最大的合作收益。同时，在知识共享过程中，又需要对知识链成员充分授权，充分调动它们的主观能动性，以期在最短时间内取得最大限度的共享知识。

（2）灵活而又相对稳定原则。知识链成员组织借助知识链来实现自己的经营目标，但随着环境和市场的变化，成员组织的经营目标需要做出相应的调整。知识链也就需要随之做出一些调整。这要求知识链组织结构具有一定的灵活性；但同时，作为一种合作组织，知识链也有其自己的目标，为实现知识链自身的目标，它需要具有一定稳定性，如果知识链在很短的时间内就改变或断裂，会给成员组织造成一种无所适从的感觉，会极大降低成员组织对知识链的忠诚度，从而给知识链带来风险。

（3）知识共享的公平性原则。在知识链中，知识共享的公平是成员组织相互合作的基础，这要求知识在成员组织间顺畅的、对等的流

---

① 万杰，陈洪建，李敏强. 供应链组织结构与牛鞭效应［J］. 经济经纬，2004（5）：59－62.

动，当 A 方将知识准确地传递给 B 方时，B 方应对知识做出迅速反应，并将自己相应的知识传递给 A 方，给 A 方一定的知识回报，从而实现知识的公平共享。而这种共享的公平需要来自组织结构的支持。

（4）风险最小化原则。知识链作为一种合作组织，缺乏像建立在合并关系上的强有力的行政和经济控制手段，知识链成员之间是在相对松散前提下的高度自主化、独立化，每个成员都是自我管理、自我约束的独立个体，因而极易发生知识流动不畅的不利情形，造成知识链风险，知识链组织结构设计应最大程度规避和降低这些风险，保证知识共享的实现。

6.4.2 知识链类型及其相应的组织结构探讨

知识链是由两个或两个以上组织构成的合作形态，根据知识链中包括的成员组织的数量，将知识链分为"甲乙知识链"和"网状知识链"。其中，"甲乙知识链"是指由两个成员组织构成的知识链；"网状知识链"是指由两个以上成员组织构成的知识链。下面我们分别来研究这两种知识链的组织结构。

6.4.2.1 "甲乙知识链"的组织结构

由于"甲乙知识链"只包括两个成员组织，其组织结构相对简单。根据这两个成员的相互关系，将"甲乙知识链"分为"对等型知识链"和"盟主型知识链"。其中"对等型知识链"是指构成知识链的两个组织在知识链中的地位相等，对知识链中所有事务具有同等权利。对于"对等型知识链"，应组建一个由双方共同参与的"管理委员会"，负责知识链的组建、知识链运作中日常事务的协调和处理以及知识链的解散等工作。对于"盟主型知识链"，知识链的组建由盟主提出，但日常运作管理和解散也需要另一方的参与，只不过他们的发言权和决策权不相等，盟主的权利通常大于盟友的权利，但对于任何可能影响到知识链双方利益的决策，盟主都必须在第一时间内让盟友知晓，因此"盟主型知识链"需要组建一个"沟通委员会"来保证双方沟通的畅通。同时，为了实现知识链知识共享的目的，"甲乙知识链"内部还需要建立一个"知识共享平台"，以保证知识的有效共享。①

"对等型知识链"和"盟主型知识链"的组织结构如图6-1和图6-2所示。由于"甲乙知识链"的成员组织只有两个，组织结构较为简单，此处不再多述。

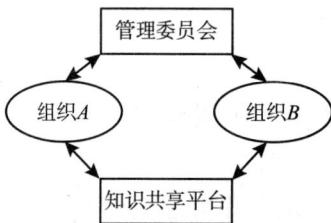

图6-1 对等型组织结构

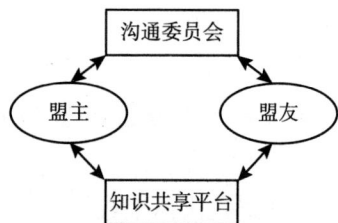

图6-2 盟主型组织结构

6.4.2.2 "网状知识链"的组织结构

"网状知识链"由两个以上成员组织构成，其成员较多，组织结构相对较为复杂。根据"网状知识链"中成员之间的相互关系，将其组织结构划分为民主型、垄断型和平等型三种。

民主型②是指由若干组织构成知识链的核心层，由这个核心层负责整个知识链管理工作。垄断型是指只有一个组织构成知识链的核心层，这个组织就是盟主，由盟主担当管理者的角色。

民主型知识链和垄断型知识链的组织结构如图6-3、图6-4所示。

① 林怡青，陈玮，郑时雄，毛宗源．一类动态联盟组织的结构及运行保障 [J]．控制理论与应用，2004，21（3）：463-466.
② 罗涛．基于联邦式的整车物流联盟的组织结构模型 [J]．集体经济，2009（4）：34-45.

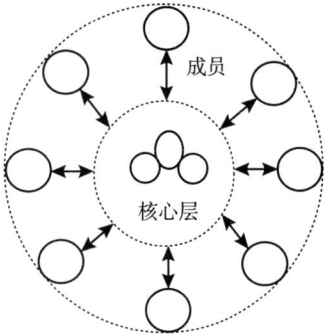

图6-3 民主型组织结构   图6-4 垄断型组织结构

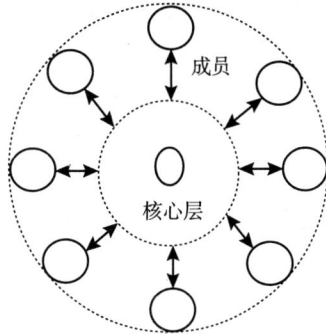

平等型知识链是指在知识链中即不存在核心层，也不存在盟主，所有成员完全平等的一种知识链组织形式。由于平等型知识链中没有盟主或核心层，知识链的管理较为困难，为此本书拟对平等型知识链的组织结构作较为详细的研究。

6.4.3 平等型知识链组织结构模型

当组成平等型知识链的成员组织数量较少时，可以通过成立一个"管理委员会"和"知识共享平台"的方式，对知识链进行管理，维持知识链的有效运作。但当成员组织数量较多时，由于每个组织地位相等，如果它们都参与"管理委员会"，委员会人员数量太多，决策困难；如果不是每个组织都参与，又不能体现完全平等的原则，这就需要一种新的组织结构模式。为此，本书首先提出"知识巢"的概念。

6.4.3.1 "知识巢"的概念

由平等型知识链的概念可知，平等型知识链中包括多个地位相等的成员组织，且其中任何一个组织均呈辐射状与其他众多组织发生知识共享行为，每个组织都是链中的一个节点（Node），每个节点有可能同时归属于不同的知识链，众多知识链交织成复杂的网链式结构。因此，为了研究的方便，在此提出"知识巢"的概念，如图 6 - 5 所示。

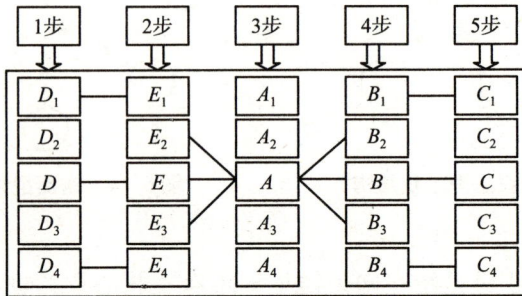

图 6 - 5　知识巢

首先假设知识链的构建是为了完成某个项目，而该项目的完成需要五个步骤，也就是说完成该项目可以分为五个部分，各部分知识可由不同的组织完成。从而形成了图 6 - 5 所示的"知识巢"。关于图 6 - 5 所示的"知识巢"，需要有如下说明：

（1）所谓的"知识巢"是指为完成某个项目的所有参与知识共享的组织所构成的一个复杂网络的整体，"知识巢"本质上也是一条知识链。

（2）图中 A、B、C、D、E、A_1、B_1、C_1、D_1、E_1 等分别代表不同的组织。

（3）$\boxed{D} - \boxed{E} - \boxed{A} - \boxed{B} - \boxed{C}$ 是指一条具有串联性质的知识链。D 组织的知识传播给 E 组织后，E 才能开始工作；E 组织的知识传播给 A 组织后，A 才能开始工作，它们之间的知识具有先后性。

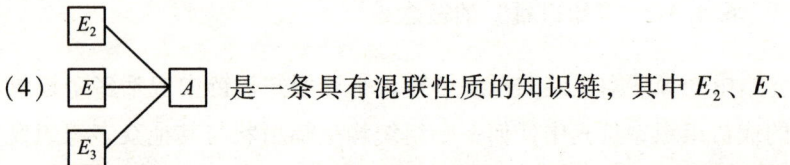

（4）$\boxed{E}$ 是一条具有混联性质的知识链，其中 E_2、E、

E_3 具有并联性质，这三个组织共同完成第二部分的知识，然后再将这部分知识传播给 A 组织，他们与 A 组织具有串联性质。

（5）完成某一项目可能即有串联知识链，又有并联知识链，"知识巢"实际上是由很多条并联知识链和串联知识链组成的混合知识链，当参与知识流动、共享与创造的"知识巢"中的组织数量越多时，"知识巢"可能越复杂。

（6）平等型知识链成员组织数量众多，而且成员组织间的关系与"知识巢"中描述的组织关系非常类似，本书认为平等型知识链的组织结构实际上就是一个"知识巢"，这个"知识巢"由多条并联知识链和串联知识链组成。

6.4.3.2 基于串—联和并—联的平等型知识链组织结构分析

以串联和并联为基本思路的组织结构形式有很多种，本书只分析两种，即串—并联式组织结构和并—串联式组织结构。为了分析串—并联结构和并—串联结构的抗风险程度，即它们的可靠性，首先对串—并联结构和并—串联结构的可靠度作一分析。[①]

（1）串—并联结构的可靠度。串—并联结构的可靠性图如图 6 - 6 所示，是由一部分单元先串联组成一些子系统，再由这些子系统组成一个并联系统。

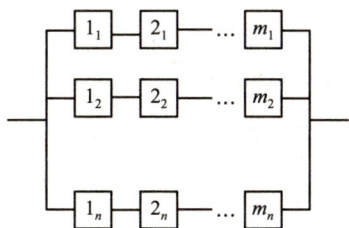

图 6 - 6　串—并联系统　　　　图 6 - 7　并—串联系统

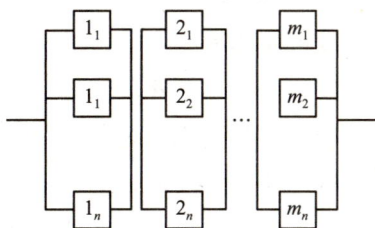

---

① 居滋培. 可靠性工程 [M]. 北京：原子能出版社，2000：10 - 17.

若各单元的可靠度为 $R_{ij}(t)$ ($i=1,2,\cdots,n$; $j=1,2,\cdots,m_i$)。则第 i 行子系统的可靠度

$$R_i(t) = \prod_{j=1}^{m_i} R_{ij}(t)$$

再用并联系统计算公式得串—并联系统的可靠度

$$R_{串-并}(t) = 1 - \prod_{i=1}^{n}\left[1 - \prod_{j=1}^{m_i} R_{ij}(t)\right]$$

当 $m_1=m_2\cdots=m_n=m$，且 $R_{ij}(t)=R_0(t)$ 时，串—并联系统的可靠度可简化为

$$R_{串-并}(t) = 1 - \left[1 - R_0^m(t)\right]^n$$

（2）并—串联结构的可靠度。并—串联结构是由一部分单元先并联组成一些子系统，再由这些子系统组成一个串联系统，如图 6-7 所示。

若各单元的可靠为 $R_{ij}(t)$ ($j=1,2,\cdots,n$; $i=1,2,\cdots,m_j$)。则第 j 列子系统的可靠度为

$$R_j(t) = 1 - \prod_{i=1}^{m_i}\left[1 - R_{ij}(t)\right]$$

再用串联系统计算公式得并—串联系统的可靠度

$$R_{并-串}(t) = \prod_{j=1}^{n}\left\{1 - \prod_{j=1}^{n}\left[1 - \prod_{i=1}^{m_j} R_{ij}(t)\right]\right\}$$

当 $m_1=m_2=\cdots=m_n=m$，且 $R_{ij}(t)=R_0(t)$ 时，并—串联系统的可靠度可简化为

$$R_{并-串}(t) = \left\{1 - \left[1 - R_0(t)\right]^m\right\}^n$$

（3）平等型知识链的组织结构[①]。在此，我们将串—并联系统的可靠度与并—串联系统的可靠度作一比较。当 $n=2$，$m=2$，所有单元的可靠度都相同且为 $R_0(t)$ 的情况下，

并—串联系统的可靠度为

① 高社生，张玲霞. 可靠性理论与工程应用 [M]. 北京：国防工业出版社，2002：8-58.

$$R_{并-串}(t) = R_0^4(t) - 4R_0^3(t) + 4R_0^2$$

串—并联系统的可靠度为

$$R_{串-并}(t) = -R_0^4(t) + 2R_0^2(t)$$

可以计算

$$R_{并-串}(t) - R_{串-并}(t) = [R_0^4(t) - 4R_0^3(t) + 4R_0^2(t)] - [-R_0^4(t)$$
$$+ 2R_0^2(t)] = 2R_0^2(t)[R_0(t) - 1]^2 \geqslant 0$$

从上面的推导可以看出：只要系统中各单元的可靠度不为1，当 $n=2$，$m=2$，所有单元的可靠度都相同且为 $R_0(t)$ 的情况下，并—串联系统就高于串—并联系统的可靠度。

事实上，可以证明，不论 n 和 m 为多少，并—串联系统的可靠度永远不小于串—并联系统的可靠度。

假设构成知识链的各成员组织就是并—串联或串—并联系统中的一个单元，且假设它们的可靠度（即合作程度）相等，我们则可以认为，在其他条件一定的情况下，为有效地降低整个平等型知识链的风险，应采用并—串联式组织结构，即先让平等型知识链中拥有相同知识的成员组织并联，再让并联后的成员组织系统彼此串联。这样可以从组织结构上降低知识链风险，以弥补由于各成员组织之间地位相等而带来的管理困难和由此带来的知识链风险。

需要注意的是，本书的研究主要是针对平等型知识链而言的，实际上，对于其他类型的网状知识链，虽然有一个较为权威的管理团队，以降低知识链风险，但本节所提出的并—串联组织结构，它还是值得借鉴的。

6.4.4 小结

以上提出的"对等型知识链""盟主型知识链""民主型知识链""垄断型知识链"和"平等型知识链"的组织结构以较为简单直观的方式阐述了知识链组织结构的形态，有助于从组织结构入手，有效地降低知识链风险，保证知识链的成功运作。

（1）理论价值。从知识链提出至今，已经有很多学者对知识链做了研究，也有一部分学者对知识链风险做了研究，但他们只是做了一些定性研究，而且还没有学者从组织结构的角度对知识链风险做研究，更没有提出针对降低知识链风险的组织结构。本书提出了针对知识链风险控制的五种组织结构，从理论上弥补了这个空缺。

（2）实际价值。本书提出的知识链组织结构模型的实际价值在于，不论知识链成员的数量是多是少，本书一定有一种组织结构模型是它可以采用的，即使不能完全采用，本书提出的模型也可为知识链的组织结构创建提供了一定的思路。

本节研究的不足在于该模型有待于实践的进一步检验。

总的来说，知识链组织结构模型与其成员组织的数量有着直接的关系，在创建知识链组织结构时，一定要考虑到知识链成员企业的数量。

6.5　基于博弈论的知识链知识共享协议

知识共享协议是知识链运作的依据，对于知识链可否成功运作起着极其重要的作用。接下来我们来研究制定知识共享协议需要注意的事项。

6.5.1　基于博弈论的知识链知识共享分析

知识链是由两个或两个以上的组织构成的松散合作组织，在知识链的知识共享过程中，如果每一个成员组织都采取仅利于自己的机会主义行为，最终的结果将损害包括自己在内的所有知识链参与者的利益；如果某个成员完全按协议规定履行承诺，又担心其他成员不按协议规定约束它们的行为，从而使自己处于不利地位或蒙受损失。[①] 实际上，知识链成员组织间的知识共享行为是一种博弈。斯柯雷德

---

① 周敏. 跨组织知识管理理论与方法研究［D］. 武汉：武汉理工大学，2006.

（Schrader）曾用"囚徒困境"对类似博弈进行过分析：假设两个博弈方各具有价值相等的垄断知识，它们创造由基本价值"V"和附加值"va"组成的总价值，附加价值"va"表示从对方不了解的知识中获取的优势，这一优势会因为知识的共享而丧失，从而建立了如图6－8所示的关于组织间知识共享博弈模型的基本框架。[①]

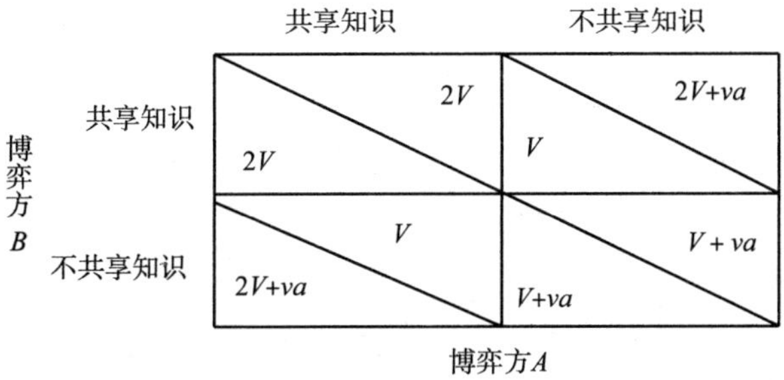

图6－8　知识共享的博弈理论框架

图6－8中可能出现两种博弈均衡：当知识具有较高的基本价值和较低的附加值，也就是当 V 远大于 va 时，知识共享是有益的，合作双方会采取（共享，共享）策略；当知识具有较低的基本价值和较高的附加值，也就是 V 远小于 va 时，合作双方会采取（不共享，不共享）策略；斯柯雷德进一步总结说，只有在拥有长期合作的愿望和彼此信任的基础上，合作才有可能发生。[②]

斯柯雷德框架比较粗放，没有深入细致地分析知识共享的得失。因为在得的方面，不仅在于获得伙伴所共享的知识的基本价值，还在于获得共享知识后的"协同价值"以及知识接受方通过独立开发所吸收知识而取得的"新价值"；在失的方面，不仅会因共享而失去知识的附加值，而且会因为合作伙伴运用吸收知识会产生"协同知识"和

①　Claudia Loebecke, Paul C Van Fenema, Philip Powell. Co-opetition and knowledge transfer [J]. Database for Advances in Information Systems, 1999, 30（2）: 14－25.

②　任伶. 基于知识管理的企业间合作创新研究 [D]. 吉林：吉林大学，2009.

"新价值"，从而对知识源组织造成的"消极反作用"。[①] 因此，增加知识共享的"协同价值""新价值""消极反作用"三个因素，建立一个扩展的博弈模型对知识链知识共享行为进行分析，如图6-9所示。图6-9中，V表示知识的基本价值；va表示"垄断"知识的附加值；s表示从知识共享中获得的"协同价值"；I表示"新价值"；nri表示因为其他伙伴的消极反作用而"丧失的价值"。[②]

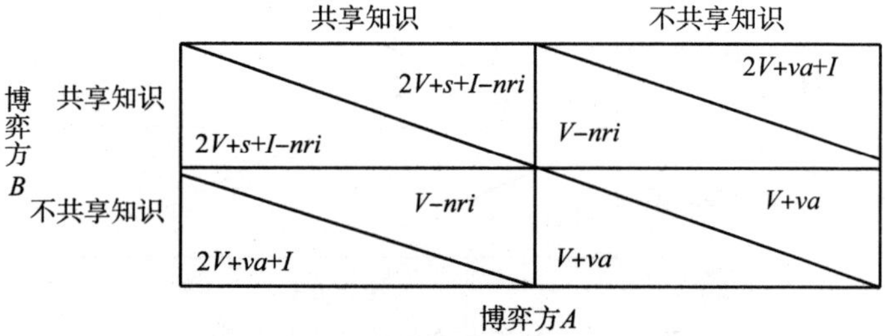

图6-9 扩展的知识共享博弈框架

图6-9表明：当$v+s+I-nri>V+va$时，知识共享是有益的，合作双方采取（共享，共享）策略；当$v+s+I-nri<V+va$时，竞争行为增加，合作双方采取（不共享，不共享）策略；这一扩展模型还表明，当合作伙伴中只有一方转移知识时，引入的附加因素导致合作者的价值差距增大，合作更不可能发生[③]。

6.5.2 知识链知识共享协议建模分析

6.5.2.1 模型的基本假设

（1）假设知识链中的知识共享博弈发生在A、B两方之间，且彼

---

① 肖小勇. 基于企业网络的组织间知识转移研究 [D]. 长沙：中南大学，2005.
② 邓灵斌. 社会关系视角下的知识转移策略研究 [D]. 武汉：武汉大学，2008.
③ 段世霞. 重复博弈下的企业合作行为 [J]. 特区经济，2007 (6)：272-273.

此之间的知识共享行为发生多次。即 A、B 间的知识共享是一个 n 重博弈。

（2）为了保证彼此间知识共享的顺利进行，A、B 方之间需要签订一份协议，设协议 $AG = \{n, V_a, V_b, V_a^o, V_b^o\}$，其中 n 表示 A、B 为完成协议规定的所有知识的共享需要进行的知识共享博弈的次数；V_a 表示 A 在整个知识共享过程中获得的知识的总价值；V_b 表示 B 在整个知识共享博弈中获得的知识的总价值；V_a^o 表示在每次知识共享中 A 需要向 B 提供的知识的价值，且每次提供的知识价值相等；V_b^o 表示在每次知识共享中 B 需要向 A 提供的知识的价值，且每次提供的知识价值相等。

（3）A、B 为进行知识共享各需要付出一定的总成本 C_a、C_b，假设 A、B 在它们的知识共享过程中需要付出两种成本：一种是知识成本，即每次为对方提供共享知识后，对自己造成的消极影响，其量值分别为 ηV_a^o 和 ηV_b^o，其中 η 为消极影响系数；另一种是整合成本，即在整个知识共享过程中，除知识成本以外的其他成本，整合成本不管知识共享有没有进行，都会存在，是一种固定成本，分别记为 c_a 和 c_b。

（4）假设 A 在整个知识共享博弈中的期望收益为 U_a，B 在整个知识共享博弈中的期望收益为 U_b。

（5）A、B 在每次知识共享博弈中都有三种策略可采取，即高诚信策略、针锋相对策略和冷酷策略。其中高诚信策略是指不管对方采取什么策略，它始终按协议规定共享自己的知识；针锋相对策略是指自己在 t 次博弈中采取对方在 $t-1$ 次博弈中采取的策略，即如果对方在第 $t-1$ 次博弈中违约，自己在 t 次博弈中也违约，以报复对方在 $t-1$ 次博弈中的违约行为。如果对方在 $t-1$ 次博弈中守约，则自己也在 t 次博弈中守约；冷酷策略是指一旦发现对方在 $t-1$ 次博弈中违约，则不管它以后是违约还是守约，自己将在从 t 次博弈开始以后的各次博弈中均违约。

（6）假设 A、B 都是理性组织，且它们守约的概率分别为 P_a、

P_b，且 $0 \leqslant P_a \leqslant 1$，$0 \leqslant P_b \leqslant 1$，则它们违约的概率分别是 $1 - P_a$、$1 - P_b$。[①]

6.5.2.2 模型分析

根据以上假设，我们知道 A、B 各有三种策略可以采取，但他们并不知道对方会采取哪种策略，只知道自己会采取什么策略，因此他们需要对对方可能采取的策略有一个合理的估计。

（1）假设对方采取高诚信策略。如果 A 假设 B 会采取高诚信策略，即不管 A 是违约还是守约，B 都会守约。从机会主义的角度出发，A 为了自身利益的最大化，可能始终都违约，即 $P_a = 0$。这样在整个知识共享过程中，B 从 A 方获得的知识的价值为 0，但支付的总成本却为 $nc_b^\theta + nV_b^\theta$，即 B 损失 $nc_b^\theta + nV_b^\theta$，这不符合 B 与 A 构建知识链的目的，因此 A 假设 B 会采取高诚信策略是不可取的。同理，B 也不应假设 A 会采取高诚信策略。

（2）假设对方采取针锋相对策略。当 A 假设 B 采取针锋相对策略时，A 自己也会采取针锋相对策略，因为如果 A 采取其他策略，B 就会针锋相对地采取 A 采取的策略。因此，当 A 假设 B 采取针锋相对策略时，自己采取的也是针锋相对策略。由于 A、B 都是理性组织，结合上文（6.5.2.1）提出的模型的基本假设（1）~（6）可知，在整个知识共享过程中，A 守约的次数 nP_a，违约的次数为 $n(1 - P_a)$；B 守约的次数也为 nP_a，违约的次数也为 $n(1 - P_a)$，则可计算：

A 获得的知识的总价值为

$$V_a = np_a \times V_b^\theta$$

A 支付的总成本为

$$C_a = nP_a \times \eta V_a^\theta + c_a$$

A 获得的总收益为

---

① 王燕，唐德善. 一类赊销合约的设计研究 [J]. 中国教育经济与管理，2005（1）：88 - 89.

$$Z_a = V_a - C_a = np_a \times V_b^\theta - nP_a \times \eta V_a^\theta - c_a$$

由于 A 为理性组织，且其期望收益为 U_a，则 Z_a 应大于或等于 U_a，即

$$np_a \times V_b^\theta - nP_a \times \eta V_a^\theta - c_a \geq U_a$$

$$P_a(V_b^\theta - \eta V_a^\theta) \geq (U_a + c_a)/n$$

当 $V_b^\theta = \eta V_a^\theta$ 时，即在每次知识共享博弈中，如果 B 给 A 提供的知识的价值等于 A 给 B 提供的知识从而给 A 带来的消极影响时，上式无意义，且由于整合成本 c_a 的存在，A 在整个知识共享过程中是亏损的，这种损失不受 A 守约或违约的影响，即无论 A 在以多大的概率违约或守约，均不可能得到 U_a 的期望收益。

当 $V_b^\theta > \eta V_a^\theta$ 时，即在每次知识共享博弈中，如果 B 给 A 提供的知识的价值大于 A 给 B 提供的知识从而给 A 带来的消极影响时，$P_a \geq (U_a + c_a)/n(V_b^\theta - \eta V_a^\theta)$，则 A 的期望收益 U_a 越大，A 守约的可能性越高；A 的整合成本越高，守约的可能性越高；A 与 B 之间知识共享博弈的次数 n 越多，A 守约的可能性越低；在每次知识共享博弈中，B 给 A 提供的知识的价值 V_b^θ 与 A 给 B 提供知识从而给 A 带来的消极影响 ηV_a^θ 的差值越小，A 守约的可能性越高。

当 $V_b^\theta < \eta V_a^\theta$ 时，即在每次知识共享博弈中，如果 B 给 A 提供的知识的价值小于 A 给 B 提供的知识从而给 A 带来的消极影响时，$P_a \leq (U_a + c_a)/n(V_b^\theta - \eta V_a^\theta)$，此时，$A$ 每与 B 进行一次知识共享博弈，A 的损失就会增加一些，因此 A 永远不会守约，即 $P_a = 0$。

同理，对于 B 方，当它假设 A 采取针锋相对策略时，它自己也会采取针锋相对策略，可以得出跟 A 同样的结论。[①]

（3）假设对方采取冷酷策略。当 A 假设 B 采取冷酷策略时，作为理性组织，A 一开始会守约，B 也会守约。如果在每次知识共享过程中，B 给 A 提供的知识的价值大于 A 给 B 提供的知识从而给 A 带来的

① 王燕，杨文瀚，唐德善. 供应链企业信息共享的博弈分析与对策［J］. 商业研究，2005（19）：41－42.

消极影响时，A 就不会违约，即 $P_a = 1$，因为它担心万一自己违约一次，B 将永远违约下去，这将会给自己带来较大的损失；如果在每次知识共享过程中，B 给 A 提供的知识的价值小于 A 给 B 提供的知识从而给 A 带来的消极影响时，A 一定会违约，即 $P_a = 0$；如果在每次知识共享过程中，B 给 A 提供的知识的价值等于 A 给 B 提供的知识从而给 A 带来的消极影响时，A 可能违约，也可能守约。从理论上来看，冷酷策略更可能让成员守约，但由于该策略在自己违约仅一次后，对方就始终违约下去，这样既不近人情，又不利于知识共享合作向好的方向改善和发展，因此在实际中也不是非常可取的。

6.5.2.3 模型结论

从以上分析可知，知识链成员在组织知识共享过程中是否会违约受到以下五个因素的影响：

（1）对方采取的策略，即对方是采取高诚信策略、针锋相对策略还是冷酷策略；通常，对方采取的策略越强硬，自己违约的可能性越低。

（2）对方在每次知识共享博弈中提供给自己的知识的价值和自己作为回报提供给对方的知识给自己带来的消极影响的差值的大小。通常，差值越大，自己违约的可能性越低。

（3）自己在知识共享过程中需要支付的整合成本。通常，整合成本越高，违约的可能性越小。

（4）自己的期望收益。通常，期望从知识链中获得的收益越多，就会越精心呵护这条知识链，自己违约的可能性也就越低。

（5）整个知识共享过程中，知识共享博弈发生的次数。通常，知识共享博弈发生的次数越多，共享双方认为自己可以违约的机会就越多，违约的可能性也就可能越高。

6.5.3　知识共享协议注意事项

为防止知识链违约风险的发生，在设计知识共享协议时，应注意以下四点：

（1）深入调查和了解对方的信用等级和合作习惯和期望收益，以便合理的估计它在知识共享过程中可能采取的策略，从而帮助自己签订一份较为合理的知识共享协议。

（2）在知识共享协议中，尽可能明确规定双方每次知识共享的价值及其测量工具与方法，并预测由此给知识提供方带来的消极影响，以便在今后的合作中最大限度地提供共享知识和消除给对方带来的消极影响。

（3）在知识共享协议中，应合理规定双方整合成本的分摊方式和分摊量，以降低整合成本相对较小的一方违约的可能性。

（4）知识共享协议中，应合理确定知识共享的次数。知识共享的次数太多，会增加合作方违约的机会，但知识共享的次数太少，又可能会影响知识共享的及时性，从而影响知识共享的效率。

6.6 基于关键路径法的知识链风险管理重点

通常情况下，构成知识链的成员组织数量众多，如果为了降低知识链风险而对所有成员组织都作重点控制，这样不论是从时间上，还是从经济上，都是不科学的。事实上，在知识链风险管理中，应遵循80/20原则，即将主要的精力放在那些对知识链风险产生重要影响的成员身上。为此，我们就必须从众多的知识链成员中找出这些关键成员，而关键路径法正是具有类似功能的一种方法。

6.6.1 关键路径法

关键路径实际上是运筹学中的最短路问题，一般来说，关键路径就是从给定的网络图中找出任意两点之间距离最短的一条路。当然，最短路只是权数的代称，在实际网络中，权数可以是时间、成本和收益等。求最短路有两种算法，一种是求从某一点至其他各点之间最短距离的狄克斯屈拉（Dijkstra）算法；另一种是求网络图上任意两点之间最短距离的矩阵算法。在此，我们只对 Dijkstra 算法作一描述。[①]

Dijkstra 算法的基本思路是：假定 $V_1 \rightarrow V_2 \rightarrow V_3 \rightarrow V_4$ 是 $V_1 \rightarrow V_4$ 的最短路（如图 6-10 所示），则 $V_1 \rightarrow V_2 \rightarrow V_3$ 一定是 $V_1 \rightarrow V_3$ 的最短路，$V_2 \rightarrow V_3 \rightarrow V_4$ 一定是 $V_2 \rightarrow V_4$ 的最短路。否则，设 $V_1 \rightarrow V_3$ 的最短路为 $V_1 \rightarrow V_5 \rightarrow V_3$，就有 $V_1 \rightarrow V_5 \rightarrow V_3 \rightarrow V_4$ 的路径小于 $V_1 \rightarrow V_2 \rightarrow V_3 \rightarrow V_4$，这与原假设矛盾。

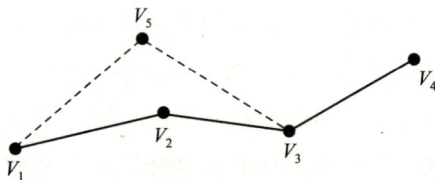

图 6-10 最短路

若用 d_{ij} 表示两相邻点 i 与 j 的距离，若用 L_{si} 表示从 s 点到 i 点的最短距离，现要求得从 s 点到某一点 t 的最短路，用 Dijkstra 算法时步骤如下：

（1）从点 s 出发，因 $L_{ss} = 0$，将此值标注在 s 旁的小方框内，表示 s 点已标号。

（2）从 s 点出发，找出与 s 相邻的点中距离最小的一个，设为 r，将 $L_{sr} = L_{ss} + d_{sr}$ 的值标注在 r 旁边的小方框内，表明点 r 已标号。

（3）从已标号的点出发，找出与这些点相邻的所有未标号点 p。若有 $L_{sp} = \min \{ L_{ss} + d_{sp}; \ L_{sr} + d_{rp} \}$，则对 p 点标号，并将 L_{sp} 的值标注在 p 点旁的小方框内。

（4）重复第 3 步，一直到 t 点得到标号为止。

通过以上四个步骤，就可以得出从 s 点到 t 的最短路。[②]

① Wayne L. Wlnston. Operations Research Decision Making ［M］. 北京：清华大学出版社，2004：42-53.

② 汤代炎等. 运筹学 ［M］. 长沙：中南大学出版社，2002：147-180.

6.6.2 关键路径法在知识链风险控制中的应用

对于一个复杂的知识链，也就是"知识巢"来说，关键路径法的应用可以极大地降低知识链风险管理的复杂性，提高知识链风险管理的效果。为了说明这一点，我们首先给出几个重要的概念。

6.6.2.1 相关概念

（1）"知识巢"：是指为完成一个知识传播、共享和创造项目所涉及的所有的参与这个项目的组织及他们之间的复杂关系所构成的一个网络结构。

（2）甲乙知识链：是指由两个组织构成的旨在传播、共享和创造知识的链式结构。

（3）完整知识链：假设一个知识传播、共享和创造项目由 n 个项目构成，完整知识链是指由各个子项目上至少由一个组织构成的一条知识链。

（4）横向知识链：是指由拥有同种性质的知识和能力的组织构成的知识链，他们共同完成一个完整项目中的某个子项目。

（5）纵向知识链：是指由拥有不同性质的知识和能力的组织构成的知识链，他们分别完成一个完整项目中的各个子项目。

6.6.2.2 关键路径法的具体应用

知识链的成功运作受很多因素的影响，如知识共享所需要的时间，知识共享所需要的成本和知识链成员组织间的背景差异等。通常，在其他条件不变的情况下，知识共享所需的时间越短，知识链的风险就越低；知识共享所需要的成本越低，知识链风险越低；成员组织间的背景差异越小，知识链风险越低。关键路径法正是要找出这样一些成员，他们的合作即可以完成知识链的既定目标，而所需的知识共享时间又最短，或成本最少，或它们之间的差异最小。

由于求时间最短知识链、成本最小知识链和差异最小知识链的方法是一样的，本书只给出求时间最短知识链的具体方法。现在通过一个例子来说明①

假设为开发某项新技术，A 与 B、C 构建了纵向知识链；出于同样的目的，B 又与 D、E 构建了纵向知识链；C 与 D、F 构建了纵向知识链；同时，E、F 又与 G 构建了纵向知识链；D、E、F 之间构建了横向知识链。他们相互之间的关系如图 6 – 11 所示。

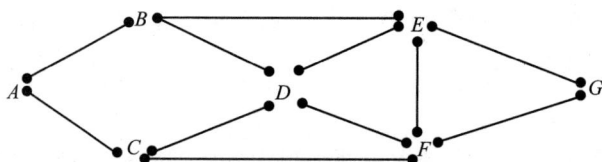

图 6 – 11　知识链成员组织相互关系

至此，A、B、C、D、E、F、G 就构成了一个"知识巢"，且完成该项技术开发主要需要的四大块知识。

首先，我们对这七个组织之间任两个组织之间知识共享所需要时间的长短作一估计，假设其评估值如图 6 – 12 所示的数值。其中数值越大，表明两两之间知识共享所需的时间越长。

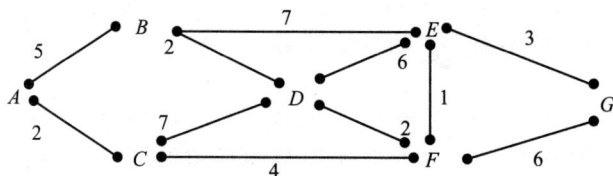

图 6 – 12　各甲乙知识链的相对风险

---

①　胡运权. 运筹学基础及应用 [M]. 哈尔滨：哈尔滨工业大学出版社，1998：119 – 136.

下面用 Dijkstra 算法求解由完成这项新技术的开发所组成的"知识集"中所需时间最短的知识链，步骤如下：[①]

从点 A 出发，对 A 标号，将 $L_{11} = 0$ 标注在 A 旁的小方框内。

（1）同 A 相邻的未标号点有 B、C。$L_{1r} = \min\{d_{12}, d_{13}\} = \min\{5, 2\} = L_{13}$，即对点 C 标号，将 L_{13} 的值标注在 C 旁的小方框内。

（2）同标号点 A、C 相邻的点有 B、D、F。因有 $L_{1p} = \min\{L_{11} + d_{12}, L_{13} + d_{34}, L_{13} + d_{36}\} = \min\{0 + 5, 2 + 7, 2 + 4\} = 5 = L_{12}$。故对 B 点标号，将 L_{12} 的值标注在 B 点旁的小方框内。

（3）同标号点 A、B、C 相邻点有 D、E、F。有 $L_{1p} = L_{1p} = \min\{L_{12} + d_{25}, L_{12} + d_{24}, L_{13} + d_{34}, L_{13} + d_{36}\} = \min\{5 + 7, 5 + 2, 2 + 7, 2 + 4\} = 6 = L_{16}$。故对 F 标号，将 L_{16} 的值标注在 F 旁的小方框内。

（4）同标号点 A、B、C、F 相邻的点有 D、E、G，$L_{1p} = L_{1p} = \min\{L_{12} + d_{25}, L_{12} + d_{24}, L_{13} + d_{34}, L_{16} + d_{64}, L_{16} + d_{65}, L_{16} + d_{67}\} = \min\{5 + 7, 5 + 2, 2 + 7, 6 + 2, 6 + 1, 6 + 6\} = 7 = L_{14} = L_{15}$。故对 D、E 同时标号，将 $L_{14} = L_{15} = 7$ 的值分别标注在 D、E 旁的小方框内。

（5）同各标号点相邻的未标号点只有 G，因有 $L_{17} = \min\{L_{15} + d_{57}, L_{16} + d_{67}\} = \min\{7 + 3, 6 + 6\} = 10$。故在点 G 旁的小方框内标注 $L_{17} = 10$，即可知从 A 点到 G 点的最短距离是 10，且经过 A、C、F、E、G 五点。也就说明对由 A、B、C、D、E、F、G 七家组织构成的知识链，由 A、C、F、E、G 五个组织构成的知识链完成知识共享所需的时间最短，并应该对这五个组织进行重点监控。

同理，我们可以求出所需成本最少的关键知识链和成员间背景差异最小的关键知识链，并对这些关键知识链的成员进行重点监控。

实际上，用关键路径法，我们可以求出像所需时间最短的关键知识链、所需成本最少的关键知识链等多条知识链。而处于这些关键知识链上的组织，都是我们风险控制的重点，是知识链风险控制的重点

---

① 董贵滨，任海波，于渤. 基于关键路径方法的战略联盟风险分析［J］. 高技术通讯，2005（5）：40 - 45.

组织。同时，我们还可以对这些重点组织的重要性再作进一步地比较。这分两种情况：

（1）如果他们所属的关键知识链的权重，即时间和成本的权重，对"知识巢"来说是相等的，则可以根据重点组织在这些关键知识链中出现的次数评估其重要性。如果成员 A 既在针对时间的关键链中出现，又在针对成本的关键链中出现，而成员 B 只在针对时间的关键链中出现，则认为成员 A 比成员 B 重要。

（2）如果他们所属的关键知识链的权重，即时间和成本的权重，对"知识巢"来说是不相等的，则可以根据权重数的大小确定他们的重要性。具体来说，如果成员 A 分别在针对时间和针对成本的关键链中出现，而成员 B 分别在针对成本和针对背景差异的关键链中出现，而时间、成本和背景差异相对于"知识巢"的权重分别为 0.2、0.1、0.3，则 A 的重要性为 0.2 + 0.1 = 0.3，B 的重要性为 0.1 + 0.3 = 0.4，B 比 A 要重要，B 比 A 更要重点关注。

6.6.3 小结

对于知识链风险的控制，如果资源是无限的，那么风险控制应该针对所有的成员，但实际上，任何组织的资源都是有限的，从经济的角度考虑，知识链风险控制应该主要针对知识链重要的成员。而关键路径法就可以找出这些重要成员，以使知识链风险管理做到重点突出、有的放矢。

值得注意的是，实际"知识巢"中，其成员组织的数量远不止上例中这么几家，因此我们可以借助计算机程序来获得关键知识链、次关键联盟链等，以提高"知识巢"风险管理的有效性。

6.7 基于极大熵准则的知识链 合作伙伴行为预估

知识链成员间的知识共享行为，实际上是一种博弈行为，此处运用纳什均衡、混合策略、熵及极大熵准则的相关知识，指出知识链成员间的知识共享博弈最终将达到混合策略下的纳什均衡。同时，引入熵和极大熵准则的概念，并用极大熵准则对纳什均衡做了估计，计算出知识链成员在知识共享时所采取的混合策略中各种可能策略的概率，为知识链成员组织的知识共享行为提供了一定的指导。同时，在一定程度上可以降低知识链的风险。

6.7.1　纳什均衡与混合策略

纳什均衡是博弈论中的一个基本概念。在博弈论中，最重要的概念是策略和收益。策略是博弈参与者所采取的行动方案；收益是策略实施的结果。假设市场上有两家互相竞争的企业，它们的目标是通过价格变化增加利润。假定每家企业有两种可能的策略：或保持现在的价格水平；或涨价。在这一博弈中，有四种可能的战略组合：两家企业都涨价、两家企业都不涨价、企业 1 涨价但企业 2 不涨价和企业 2 涨价但企业 1 不涨价。假设四种策略组合的收益矩阵如表 6 - 10 所示。在表 6 - 10 中，每个小括号中的第 1 个数是企业 1 的利润，第 2 个数是企业 2 的利润。

表 6 - 10　　　　　　　　　收益矩阵

		企业 2	
		价格不变	涨价
企业 1	价格不变	(10, 10)	(100, -30)
	涨价	(-20, 30)	(140, 35)

表 6 - 10 中的收益，不仅取决于每家企业自己所选择的定价方案，还取决于另一家企业所选择的策略。每一家企业的目标是根据另一家企业的行为做到最佳。假定企业 1 不改变价格，企业 2 的最优策略也是不改变价格；如果企业 2 不改变价格，企业 1 的最优策略也是

不改变价格。这样就存在了一种均衡，即价格不变，这一结果就称为纳什均衡。纳什均衡是指在某一参与者的策略给定的条件下，所有博弈参与者的收益都不能再提高的一组策略。在博弈中可能不止存在一种纳什均衡，也可能不存在纳什均衡，在这种情况下，参与者就可能不断的转换策略。

上面讨论的博弈中假定每个参加者都只选择一个行动方案。这种方法称为纯策略。在许多博弈中，纯策略可能是一种很坏的选择。例如，棒球投球手和击球手之间的较量。如果投球手投出的都是快速球，或都是曲线球，熟练的击球手就容易把它击中。为此，投球手必须把快速球和曲线球混合起来投掷以迷惑击球手。这种方法就称为混合策略。①

6.7.2　知识链组织间知识共享行为分析

知识链是由两个或两个以上的组织构成的松散合作组织，成员组织间不存在强有力的行政和经济约束，同时由于知识的难以度量性、复杂性等特性，在知识共享过程中，成员组织可能会采取有利于自己的机会主义行为而不顾由此给其他成员组织带来的损失。如果每一个成员组织都采取有利于自己的机会主义行为，最终的结果将损害包括自己在内的所有知识链参与者的利益；如果某个成员按协议规定将自己知道或拥有的知识与其他组织共享，又担心其他组织不按协议规定共享它们知道或拥有的知识，从而使自己处于不利地位或蒙受损失。知识链成员组织间的知识共享行为实际上就是一种博弈，因此我们可以用博弈论来分析它们之间的知识共享行为，用博弈论中的纳什均衡分析它们达到均衡时采取的策略。同时，知识链中成员组织间的知识共享可以分为任意两个成员间的知识共享，为了研究的方便，本节只

---

① H·克雷格·彼得森，W·克里斯·刘易斯. 管理经济学 [M]. 北京：中国人民大学出版社，1998：281 - 287.

研究两个成员间的知识共享行为，即两个成员间的博弈行为。

从博弈论的角度可知，在假设知识链成员组织会采取机会主义行为的前提下，知识共享双方（A 方、B 方）都应该采取混合策略达到均衡。如果 A 方在博弈过程中采取只选择一个行动的纯策略，B 方就会知道 A 方的策略，而且知道 A 方的策略不会改变，B 方则会采取有利于自己而不利于 A 方的策略，A 方的利益将会受到损害；如果 A 方采取混合策略，B 方就不清楚 A 方在博弈中采取的策略，为了保证自己的利益，B 方将不能完全从自身利益出发，双方最终将达到纳什均衡，即双方的利益都不能再提高。但是，在博弈中，知识链成员组织究竟该采取什么样的混合策略，即如何安排各种可能的策略的发生概率？为此，我们需要引入熵的概念及其理论，对混合策略中各种具体策略的发生概率进行估算。

6.7.3　熵与极大熵估计

熵是反映系统的微观粒子无序程度的物理量。从控制论的角度来看，熵也叫不确定性，通常不确定性愈大，熵值也越大。[1]

极大熵可以用来估计任何一个博弈参与者的策略分布。假设，参与者 i 的期望收益为 R^i，则可以用下面的模型计算出参与者采取的策略[2]

$$\text{Max}\{H(\sigma_i)\} = -\sum p_j^i \ln p_j^i, \ j = 1, 2, \cdots, k_i$$

$$\text{s. t.} \quad E[\sigma_i] > 0$$

$$\sum p_j^i = 1$$

$$p_j^i \geqslant 0, \ i = 1, 2, \cdots, N, \ j = 1, 2, \cdots, k_i$$

其中，$\sigma_i = (p_1^i, p_2^i, \cdots, p_j^i)$ 是参与者 i 的一个混合策略；

①　Neyman A，Okada D. Repeated Games with Bounded Entropy［J］. Games and Economic Behavior，2000，(3)：228 – 247.

②　Kapur J N，Kesavan H K. Entropy Optimization Principles with Applications［M］. London：Academic Press，Inc. ，1992：98 – 101.

$H(\sigma_i) = -\sum p_j^i \ln p_j^i (j = 1, 2, \cdots, k_i)$ 为参与者 i 选择混合策略 σ_i 时的策略熵；p_j^i 是参与者 i 选择行动 $x_j^i (j = 1, 2, \cdots, k_i)$ 的概率；k_i 为大于 1 的任意整数，它表示参与者 i 所能采取的策略的个数；N 为参与博弈的成员的个数；$E[\sigma_i]$ 表示参与者 i 采取混合策略 σ_i 时的期望收益。[1][2]

6.7.4 应用实例

为了便于理解，我们用一个实例来说明用极大熵方法对纳什均衡的估计在知识链组织间知识共享策略的应用。

知识链由两个或两个以上组织构成，知识链中的知识共享在构成知识链的组织间两两进行。也就是说，知识链中的知识共享实际上可以用两个组织间知识共享来研究。假设知识共享的两个组织分别为组织 A 和组织 B，它们都有两个可以选择的纯策略：策略一是共享协议规定的全部知识；策略二是共享协议规定的部分知识。假设组织 A 和组织 B 的收益矩阵如表 6 – 11 所示。[3]

表 6 – 11　　　　　　　　　　　　知识共享矩阵

		组织 B	
		共享全部知识	共享部分知识
组织 A	共享全部知识	5, 10	8, 4
	共享部分知识	10, 5	4, 8

表 6 – 11 表示了四组策略组合的收益。收益的高低综合考虑了组织的知识吸收能力、组织对知识链的信心（如果组织在决策时正好对

---

① 谢辉. 组织隐性知识整合及扩散机制研究 [D]. 长沙：中南大学，2005.

② 何大义，邱菀华. 纳什均衡策略的极大熵估计方法 [J]. 北京航空航天大学学报（社会科学版），2004（4）：56 – 59.

③ 刘娟. 高校知识共享可能性的博弈分析 [J]. 学海，2007（3）：156 – 161.

知识链的信心不足，将可能影响它的知识吸收与传播）和组织获得收益的成本（如果组织付出较少，则它获得收益则较多）等因素。

下面用极大熵法则求解组织 A 和组织 B 的纳什均衡策略[①]。根据极大熵的计算公式，利用 Lingo 或其他非线性优化软件可以方便求出结果，如表 6 – 12 所示。

表 6 – 12　　　　　　　　　混合策略概率分布

组织 A		组织 B	
共享全部知识	4/9	共享全部知识	3/9
共享部分知识	5/9	共享部分知识	6/9

由表 6 – 12 可知，组织 A 应以 4/9 在概率共享协议规定的全部知识，以 5/9 的概率共享协议规定的部分知识。组织 B 应以 3/9 在概率共享协议规定的全部知识，以 6/9 的概率共享协议规定的部分知识。

6.7.5　小结

该方法得出的概率数据旨在为知识链成员组织间的知识共享行为提供指导。应用该数据，某一成员组织可以在一定程度上估计出对方违约的可能性，据此调整自己的行为，并采取一些积极的措施来提高对方守约的可能性，降低合作风险。需要指出的是，实证部分所引用的数据并不一定适合所有知识链，它的目的只是为了进一步说明该方法的可行性。因此，在实践中，对于某一特定的知识链，应采用专家调查法等多种方法得到准确的知识共享矩阵中的数据，从而提升后续计算的有效性。

---

① 姜殿玉，张盛开，丁德文. 极大熵准则下 n 人非合作条件博弈的期望 Nash 均衡 [J]. 系统工程，2005，23（11）：108 – 111.

6.8 基于交叉影响分析法的
知识链收益分配

6.8.1 知识链成员间收益分配的影响因素及原则

6.8.1.1 知识链成员间收益分配的影响因素

谈到知识链成员间的收益分配，首先要了解影响收益分配的因素。在知识链中，影响成员间收益分配的因素主要有以下三点：

（1）知识链的总收益。知识链总收益是成员间收益分配的基础。没有总收益就没有收益分配。作为一种以知识流动、知识共享和知识创造为目的的合作组织，知识链的总收益是指在知识链的整个运作过程中所创造的新知识的价值。

（2）知识链成员的贡献。成员的贡献是指成员为新知识的产生所作的贡献。是知识链收益分配的主要依据，体现"多劳多得"的原则。贡献大，得到的收益就相对较多；贡献小，得到的收益就相对较少；没有贡献就没有收益。

（3）知识链成员承担的风险。收益分配不仅要体现"多劳多得"的原则，还应体现"风险与收益相对应"的原则，即风险大，收益多；风险小，收益小，给承担较多风险的成员以一定的收益补偿。[①]

6.8.1.2 知识链成员间收益分配的原则

知识链成员的付出不同，所承担的风险不同，在收益分配中所得

---

① 胡耀辉，刘一宁. 技术创新联盟中联盟利益分配机制的研究 [J]. 江苏商论，2007
（2）：135 - 136.

的收益也应不同，这样才能更好地激励成员的知识共享热情。因此，收益分配不仅要体现"多劳多得"的原则，还要符合"风险收益"的原则。知识链成员的收益分配应遵循以下三条原则：

（1）知识链合作过程中创造的所有收益由所有成员共同分享，即 $Y_1 + Y_2 + \cdots + Y_n = 1$。

（2）成员获得的收益应随它所作的贡献的增大而增大，即 $\partial Y_i / \partial G_i > 0$。

（3）成员获得的收益应随它所承担的风险的增大而增大，$\partial Y_i / \partial F_i > 0$。

这里，Y_i 表示成员获得的收益的比例；F_i 表示成员承担的风险；G_i 表示成员对知识链做出的贡献。[①]

6.8.2 知识链成员收益分配模式的确定

知识链成员间分配收益时，通常有三种分配模式：产出分享模式、固定支付模式和混合模式。

（1）产出分享模式。指参与合作的成员按一定比例从合作最终的总收益中分配自己应得的一份收益，这是一种风险分担、利益共享的分配模式。

（2）固定支付模式。指一个成员根据其他成员承担的任务和风险按事先协商好的酬金给其他成员从合作的最终收益中支付固定的报酬，而该成员则享有合作的其余全部剩余，同时也承担全部风险。

（3）混合模式。该模式是前两种模式的结合，盟主既向其他成员支付固定的报酬，同时也从收益中按一定的比例支付报酬。[②]

本书在进行知识链收益分配时，采取的是产出分享模式。

既然知识链成员获得的收益比例 Y_i 应与它对知识链所做的贡献 G_i 与它所面临的风险 F_i 成正比关系。由此，可提出知识链成员 i 获得

① 陈晓. Partnering 模式中伙伴收益分配比例的确定 [J]. 价值工程，2006（10）：114-116.

② 王连青. 动态联盟企业的利益分配及模式研究 [J]. 集团经济研究，2006（7）：13.

的收益分配模式如式（6－13）所示。

$$Y_i = VG_iF_i/(G_1F_1 + G_2F_2 + \cdots + G_nF_n) \qquad (6-13)$$

其中，V 为知识链创造的总收益；n 为知识链中成员的数量。

所以，各成员的收益分配系数为 $G_iF_i/(G_1F_1 + G_2F_2 + \cdots + G_nF_n)$。[①]

对于知识链来说，影响其风险大小的因素不主要是知识链收益的绝对大小，而是收益在各成员间的分配是否公平，因此本书只分析了知识链成员所做的贡献 G_i 的确定和知识链成员所承担的风险 F_i 的确定。用以确定合理的收益分配比例。

6.8.3　知识链成员对总收益的贡献 G_i 的确定

知识链成员为知识链总收益作的贡献不仅会直接影响知识链的最终收益，还会对其他成员的行为产生影响，从而间接影响知识链总收益。这种间接影响导致直接判断某个成员对最终收益的贡献成为一项非常困难的工作。本书通过聘请专家对各成员进行两两之间的直接影响评估来建立直接影响关系矩阵，此处的直接影响是指与知识链最终收益相关的影响。然后运用迭代的方法求出各成员间的综合影响，即知识链成员对总收益的影响（贡献），也就是采用模糊交叉影响分析法。本书的目标是将其运用于确定知识链成员间的收益分配比例问题。

利用模糊定性交叉影响分析法确定收益分配比例的基本过程是：首先，确定知识链中各成员间的相互关系；然后，运用模糊定性交叉影响分析法得出各成员对知识链总收益的影响程度；最后，根据这个影响程度确定各成员的收益分配比例。[②]

---

① 张侨，郭宏湘. 供应链供需双方利益风险分配方法 [J]. 价值工程，2004（6）：46－49.

② 常峰，邵蓉. 确定药品研发动态联盟利益分配比例的方法研究 [J]. 中国药房，2006（4）：17－23.

假设知识链成员数为 n，将知识链总收益定义为第 $n+1$ 个变量，则需要考虑的变量数目 $N = n+1$；zy_{ij} 表示第 i 个变量对第 j 个变量的直接影响的强度；$ZY = \{zy_{ij}\}$ 表示直接影响关系矩阵；$JY(k) = \{jy_{ij}\}$ 表示经过 k 步变换后的间接影响关系矩阵；$QY = \{qy_{ij}\}$ 表示考虑了全部影响后的影响关系矩阵。[①]

首先，确定知识链中成员间（包括知识链总收益）直接影响关系，得到直接影响矩阵 ZY；然后，采用 *MICMAC* 法，用矩阵相乘的迭代运算来分析成员间（包括知识链总收益）的间接影响关系。最终得到成员间（包括知识链总收益）的综合影响关系。最后，根据综合影响关系，求出基于贡献的知识链成员收益分配比例。

6.8.4 知识链成员所承担的风险 F_i 的确定

在对知识链成员进行收益分配时，不仅要考虑各成员对知识链最终收益所做的贡献，还应考虑各成员在知识链运作过程中承担的风险的大小。因此，除了确定成员贡献的相对大小外，还需要确定它们承担风险的相对大小。知识链成员处于同一宏观环境和微观环境中，在计算相对风险时，可以不考虑由宏观环境和微观环境给它们带来的风险。实际上，在知识链的运作过程中，成员所面临的与其损失相关的风险主要是知识共享风险，即某成员 A 为知识链中其他成员提供的共享知识和 A 从其他成员处获得的共享知识的不对等而给 A 带来的知识损失风险。因此，本书在衡量知识链成员所面临的相对风险的大小时，主要考虑的是这种知识共享风险。[②]

本书研究的知识链由四个成员 A、B、C、D 构成，它们两两之间

① 常峰，邵蓉. 确定药品研发动态联盟利益分配比例的方法研究［J］. 中国药房，2006（4）：17 – 23.

② Li Bing A. , Akintoye P. J. , Edwards C. Hardcaste. The allocation of risk in PPP/FPI construction projects in the UK［J］. International Journal of project management，2005，（23）：115 – 119.

都进行知识共享活动，且它们进行的知识共享的次数分别为 C_{AB}、C_{AC}、C_{AD}、C_{BC}、C_{BD}、C_{CD}，其中 C_{AB} 表示 A、B 之间的知识共享次数，其他依此类推；由于我们只考虑 A、B 为知识链提供的知识和从知识链中获得的知识的不对等带来的风险，因此在 A、B 的知识共享过程中，A、B 之间的相对风险可以用它们在知识共享活动中的违约次数和各次违约给对方造成的损失表示。同理，其他成员间的知识共享过程中，相对风险也可以用它们在知识共享活动的违约次数和各次违约从而给对方造成的损失表示。

假设在 A 与 B 的 N_{AB} 次知识共享活动中，A 违约的次数为 c_{AB}^A 次，各次违约给 B 造成的损失均为 s_{AB}^{Bj}；B 违约的次数为 c_{AB}^B 次，且各次违约给 A 造成的损失为 s_{AB}^{Aj}，其中 j 表示 A、B 的第 j 次违约。则在 A 与 B 的知识共享过程中，A、B 承担的风险分别是 $\sum s_{AB}^{Aj}$、$\sum s_{AB}^{Bj}$；同理，在 A 与 C 的知识共享过程中，A、C 承担的风险分别是 $\sum s_{AC}^{Aj}$、$\sum s_{AC}^{Cj}$；在 A 与 D 的知识共享过程中，A、D 承担的风险分别是 $\sum s_{AD}^{Aj}$、$\sum s_{AD}^{Dj}$；在 B 与 C 的知识共享过程中，B、C 的承担的风险分别是 $\sum s_{BC}^{Bj}$、$\sum s_{BC}^{Cj}$；在 B 与 D 的知识共享过程中，B、D 承担的风险分别是 $\sum s_{BD}^{Bj}$、$\sum s_{BD}^{Dj}$；在 C 与 D 的知识共享过程中，C、D 承担的风险分别是 $\sum s_{CD}^{Cj}$、$\sum s_{CD}^{Dj}$。知识链成员承担的风险如表 6 – 13 所示。

表 6 – 13　　　　　　　知识链成员两两之间相对风险

	A	B	C	D
A	—	$\sum s_{AB}^{Bj}$	$\sum s_{AC}^{Cj}$	$\sum s_{AD}^{Dj}$
B	$\sum s_{AB}^{Aj}$	—	$\sum s_{BC}^{Cj}$	$\sum s_{BD}^{Dj}$
C	$\sum s_{AC}^{Aj}$	$\sum s_{BC}^{Bj}$	—	$\sum s_{CD}^{Dj}$
D	$\sum s_{AD}^{Aj}$	$\sum s_{BD}^{Bj}$	$\sum s_{CD}^{Cj}$	—

表 6 – 13 中，j 表示成员的第 j 次违约；第 3 列第 2 行表示 A 与 B 的知识共享过程中，A 的承担的风险；第 2 列第 3 行表示 A 与 B 的知识共享过程中，B 承担的风险；其他依此类推。

由表 6 – 13 可知，在由 A、B、C、D 组成的知识链中，

成员 A 承担的风险为

$$R_A = \sum s_{AB}^{Bj} + \sum s_{AC}^{Cj} + \sum s_{AD}^{Dj} \qquad (6-14)$$

成员 B 承担的风险为

$$R_B = \sum s_{AB}^{Aj} + \sum s_{BC}^{Cj} + \sum s_{BD}^{Dj} \qquad (6-15)$$

成员 C 承担的风险为

$$R_C = \sum s_{AC}^{Aj} + \sum s_{BC}^{Bj} + \sum s_{CD}^{Dj} \qquad (6-16)$$

成员 D 承担的风险为

$$R_D = \sum s_{AD}^{Aj} + \sum s_{BD}^{Bj} + \sum s_{CD}^{Cj} \qquad (6-17)$$

6.8.5　知识链成员收益分配系数

前文指出知识链成员的收益分配系数为 $G_i F_i / (G_1 F_1 + G_2 F_2 + \cdots + G_n F_n)$，其中，$G_i$ 表示知识链成员 i 所做的贡献；F_i 表示知识链成员 i 面临的风险；n 是知识链中成员的数量。则可根据本节的计算求出知识链各成员间的利益分配比例。

6.8.6　小结

知识链利益分配是影响知识链成败与否的关键因素之一，但由于知识的复杂性、难以量化性等特征，知识链利益分配存在很大的困难。本节应用交叉影响分析法和三角模糊数的相关知识，在充分考虑知识链特性的基础上，计算出了知识链成员组织间利益分配的比例，对知识链风险控制具有重要的意义。但需要指出的是，三角模糊数中

的原始数据的获得尤其重要，需要选择恰当的数据获得方法，这是需要有待进一步研究的。

6.9 实施全面风险管理

全面风险管理是进行知识链风险管理的一种理念，是一种需要植根于每一位知识链参与者脑海中的一种思想。其宗旨是让每一位知识链参与者都对知识链的成功运作负起自己应有的责任，全员参与知识链风险管理。

6.9.1 全面风险管理的内涵、特点及意义

全面风险管理①是指对整个知识链中可能存在的所有风险的管理，这种风险管理要求将各种风险以及与风险相关的各种知识、成员与其他因素集合到一起，制定统一的标准，进行统一地评估，并动员全体成员对风险实施管理。一个有效的全面风险管理需要平衡与风险相关的各个方面的因素。基于这一认识，知识链全面风险管理是指知识链所涉及的所有组织、所有人员都以知识链知识传播和共享为己任，把知识管理技术、风险管理技术、数理统计技术等多种技术和方法集合在一起，建立起一套科学严密高效的风险管理体系，控制知识共享过程中的影响因素，以高效、经济的办法完成知识共享的全部活动。知识链全面风险管理涉及三个层次的管理主体：（1）知识传播与共享团队；（2）知识链成员组织的全体员工；（3）与知识链成员组织有其他利益相关关系的组织的全体员工，这一主体来自知识链外部。全面风险管理主体具体如图6-13所示。

---

① 白洋. 全面风险管理——国际银行业风险管理新趋势 [D]. 吉林：吉林大学，2005.

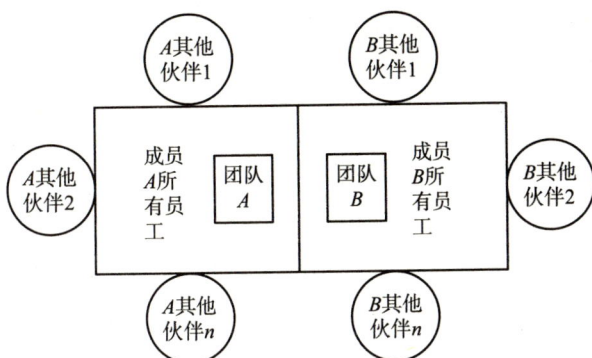

图 6 - 13　全面风险管理主体

知识链全面风险管理具有以下特点:①

（1）它具有全面性，涉及知识共享的各个环节，各个阶段；

（2）是全过程的风险管理；

（3）是全员参与的风险管理；

（4）是全体利益相关者参与的风险管理。

知识链全面管理的意义:

（1）提高知识共享效果；

（2）缩短知识共享时间；

（3）鼓舞成员的士气；

（4）增强成员风险意识；

（5）降低风险成本；

（6）减少合作失败。

6.9.2　实施全面风险管理的基础和原理

实施知识链全面风险管理的基础②:

---

① http://wiki.mbalib.com/wiki/% E5% 85% A8% E9% 9D% A2% E8% B4% A8% E9% 87% 8F% E7% AE% A1% E7% 90% 86.

② http://baike.baidu.com/view/47270.htm? fr = ala0_1.

（1）系统工程与管理（系统工程）；

（2）完善的风险管理技术与方法（风险管理工程）；

（3）有效的人际关系（行为工程）。

实施全面风险管理的原理：

（1）"风险管理"一词并不是绝对意义上的"让风险全部消失"，而是指达到一个"最经济的效果"。这需要平衡两个方面的因素：①风险管理带来的收益；②风险管理的成本。

（2）在"风险管理"这一短语中，"管理"一词代表一系列的风险管理手段，主要包括四个方面：①风险识别；②风险评估；③风险处置；④风险监控与反馈。

（3）影响风险管理效果的因素可以划分为两个大类：①软件因素，如风险管理技术和风险人员等；②硬件因素，如风险管理设备。在这两类因素中，软件因素重要得多。

（4）风险管理的基本原理适用于任何风险管理活动，但由于知识链所涉及的行业、规模的不同，方法的使用上会略有不同，但基本原理仍然是相同的。

（5）风险管理贯穿于知识链合作的所有阶段。从意识到应该组建知识链到知识链解散，整个过程中都需要风险管理。

（6）建立风险管理体系是开展风险管理工作的一种最有效的方法与手段。

（7）风险管理成本是衡量和优化全面风险管理活动的一种手段。

（8）原则上，知识链中的核心组织或知识链的管理机构应当成为知识链风险管理工作的"总设计师"，同时其他主要成员组织也应促进风险管理效率方面的发挥。

（9）风险管理的主体应包括三个层次，他们是：①知识传播与共享团队；②知识链成员组织的全体员工；③与知识链成员组织有其他利益相关关系的组织的全体员工，这一主体来自知识链外部。

（10）在全面风险管理工作中，无论何时、何处都会用到数理统计方法，但是数理统计方法只是全面风险管理中的一个内容，它不等于全面风险管理。

（11）应该认真地对知识链的所有利益相关者开展全面风险管理活动。

（12）全面风险管理工作的一个重要特征是，从根源处管理风险。例如，通过由参与者自己制定风险管理措施来促进和树立它对风险的责任感和关心，就是全面风险管理工作的积极成果。

6.9.3 实施全面风险管理的步骤

在具体实施过程中有以下几个步骤：①

（1）建立风险管理目标。风险管理目标是全体成员参与风险管理的导向与旗帜，只有建立明确的风险管理目标，大家的努力才有方向，才会出现劲儿往一处使的现象，全面风险管理才会有明显的效果。

（2）完善风险管理基础设施。风险管理基础设施是实施全面风险管理的前提，它为高效的进行全面风险管理提供技术和硬件支持。风险管理的基础设施主要包括五个方面的内容：一是，一个独立并且能够高效运作的风险管理中心，该中心负责风险管理计划的制定；二是，一整套风险管理实施细则和规划，具体指明全面风险管理的要求和过程；三是，合理的风险评估方法，对知识链中存在的风险进行合理评估，以便更好地管理；四是，全面广泛地沟通活动，以更好的共享风险管理的措施，更快地认清风险管理的内容等；五是，先进的信息处理技术，全面风险管理参与人员众多，提供的风险管理建议也很多，这就需要一套先进的信息技术以便对这些建议进行合理的归纳、整理和使用。

（3）培训与动员。通过培训教育使所有成员牢固树立"全面风险管理"的思想，制造良好的风险管理氛围，采取切实行动，加强风险

---

① http://baike.baidu.com/view/47270.htm? fr = ala0_1.

效果。动员全员参与，对全过程进行风险控制与管理。以人为本，充分调动各级人员的积极性，推动全员参与。只有全体利益相关者的充分参与，才能使他们为风险管理做出贡献，才能够真正实现对知识链全过程进行风险控制与管理。

（4）构建理想的管理环境。要想使全面风险管理成功运用，除了建立风险管理目标、完善风险管理设和对风险管理进行全员培训与动员外，还需要有一个非常重要的因素，即和谐的管理环境。全面风险管理可否成功实施受众多因素的影响，其中文化因素尤为突出。只有在一种良好的文化氛围中，一种支持全面风险管理、促进全员参与的文化中，全面风险管理才可能顺利开展。要想让知识链全面风险管理高效运作，我们必须打造一种"全员重视风险、全员管理风险"的文化。

（5）建立有效的监督机制。在知识链全面风险管理体系中，监督委员会是非常重要的一个组成部分。对全面风险管理进行监督、评价和纠正是非常重要的一个环节。只有建立合理、高效的监督机制，全面风险管理的目标才可能得以实现。

6.9.4 小结

全面风险管理即是一个理念，又是一个行动准则，它需要全体成员的参与，尤其需要高层管理人员努力。在用全面风险管理对知识链风险进行控制时，需要注意不要将它仅仅停留在口头上、表面上，而是要真正地深入，真正做到全员参与。

6.10 本章小结

本章主要研究了知识链风险控制的九个方面的措施。这九个方面分别是：（1）基于"独立—集成管理厅"的知识链风险管理机构；

（2）基于物元分析的知识链合作伙伴选择；（3）基于 n 重贝努力试验的知识链合作伙伴数量控制；（4）基于串—并联的知识链组织结构；（5）基于博弈论的知识链知识共享协议；（6）基于关键路径法的知识链风险管理重点；（7）基于极大熵准则的知识链成员伙伴行为预估；（8）基于三角模糊数的知识链利益分配；（9）基于"全面风险管理"的知识链风险管理参与群体。这九个方面全面、系统地给出了知识链风险控制的具体措施，为知识链风险控制提供了较为有力的帮助。需要指出的是，这些方法并不一定适合于所有的知识链，在实践中还需要根据知识链的具体情况做一定的调整。

7

知识链风险监控

知识链风险众多，且随时可能发生，不管风险识别、评估、控制做得有多好，知识链风险监控都是必不可少的。本书主要给出以下两种风险监控的具体措施。

7.1 监控—惩罚措施

知识链风险的监控—惩罚措施是指在知识链合作过程中，对合作伙伴的信誉进行评价并对违规行为实施相应的惩罚措施，发现成员中有违规行为出现时，即按照事先确定的惩罚方案对违规组织实施惩罚。这些违规行为包括过度保护自己的知识，转移的知识范围和程度不能达到协议规定、知识接收方过度吸收对方知识，损害了对方的利益和核心能力，造成对方退出知识链或伙伴间信任程度降低，紧张关系加剧等。惩罚措施是对各种形式的机会主义者和机会主义行为的一种威慑，机会主义者会借用一切机会提高自己的收益，惩罚措施的存在会使机会主义者衡量机会主义得逞后的收益与被发现后所遭受的惩罚之间的可能性和期望收益。机会主义行为是否被实施取决于机会主义者的风险态度。这些惩罚措施包括将违规组织淘汰出知识链、减少其所分得的收益、降低其信用等级等。当违规行为相当严重时，就应当将违规当事组织淘汰出知识链。例如，某个组织并不具备知识链所需的某种的知识或能力，为了加入知识链，在伙伴选择阶段，向知识链发起组织提供虚假的信息或信号，在合作过程中，该组织逐渐暴露出知识和能力上的欠缺。这时，就要将它淘汰出知识链，并重新选择新的合作伙伴。[①]

7.2　基于链媒体的知识链风险监控

7.2.1　链媒体的概念及特征

众所周知，互联网和信息技术让我们的世界焕然一新。他们改变了我们的生活方式、沟通方式，甚至交友方式。人机互动现象与日俱增，人们开始真正感受技术带来的影响，这种影响几乎蔓延到生活的每个角落。[②] 同时，人具有社会性，人们喜欢在某一社区中互动，共享知识和信息。这种社区沟通能够克服传统沟通的一些弊端，如受时间、地点的约束和有些信息不便当面说清等。在社区中，人们可以畅所欲言，尽情谈论自己的观点和想法。因此，基于互联网和信息技术的社区沟通越来越受人们的欢迎，尤其是年轻人的欢迎。

知识链知识共享正是需要这样一个人人平等、自由、开放的沟通环境，需要一个具有一定自我监督功能的沟通社区，链媒体也就应运而生。所谓链媒体是一种利用网络和信息技术，将文字、图像、音频和视频等知识载体在知识链范围内得以广泛共享的介质，链媒体是一种给予知识链所有成员极大参与空间的新型媒体。链媒体代表了一种

---

① 张红兵. 虚拟企业中知识转移研究 [D]. 天津：天津大学，2007.
② 林燕灵. 社会媒体就是新型媒体 [J]. 广东经济观察，2008 (11)：96 – 97.

基于个体互动而建立并维持的沟通平台。链媒体包含了个体之间的互动以及这种沟通的群体性，参与者根据其兴趣和专长来分享知识、观点，他们即是知识和信息的接受者，又是知识和信息的发布者。同时，链媒体利用"群众的智慧和力量"有效监督知识的共享。①

链媒体具有以下的特征：

（1）广泛参与性：链媒体可以激发感兴趣的员工主动参与，模糊了媒体和受众之间的界限。

（2）公开性：所有成员都可以免费参与其中，提供自己的信息和分享来自他人的信息。

（3）交流性：链媒体中的内容在媒体和用户之间双向传播，从而形成了一种交流。

（4）社区性：在链媒体中，人们可以很快地形成一个社区，并以各自感兴趣的内容为话题，进行充分的交流。

（5）连通性：链媒体都具有强大的连通性，通过链接，将众多知识和信息融合在一起。

7.2.2　链媒体的构成要素

链媒体主要由知识和信息的发布者、知识和信息的接受者、知识和信息的共享平台和知识和信息的共享技术四个要素构成。

（1）知识和信息的发布者和接受者。知识和信息的发布者和接受者指参与知识链的所有个体。这些个体来自各个知识链成员组织，他们在链媒体中有意或无意地发布自己所了解的知识和信息，并阅读来自其他个体的知识和信息。他们即是链媒体的主体、又是链媒体的客体。通过链媒体这一社区，他们畅所欲言，高度互动，并彼此监督。从而实现知识和信息的有效共享。

---

① 姜方珍. 浅谈企业媒体的舆论监督［J］. 淮南职业技术学院学报，2009，9（3）：117-119.

（2）知识和信息的共享平台。这一平台是知识和信息共享的硬件支持，最基本的设施是个人电脑及互联网，也可以是移动电话或其他网络沟通设备。通过这一平台，参与知识链的所有个体才能实现彼此的互动和深度的沟通。

（3）知识和信息的共享技术。参与知识链的个体数量众多，他们之间的互动又无时无刻不在进行，换句话说，共享平台上的互动信息非常多，如何高效地从这些大量的信息中获取每个个体所需要的信息是提高知识共享效率的关键所在，为此我们必须引进一项新的技术来对共享平台上的大量信息做出整理、分类和归纳。这一技术就是本书接下来要涉及的聚合技术。

7.2.3 链媒体的作用

（1）提供知识链知识共享平台。在传统的知识共享渠道中，参与知识链的个体通常是通过正式的、面对面研讨的方式来共享知识，这极大地限制了知识共享的频率和效果。在链媒体这个自由、开放、平等的社区中，参与知识链的所有个体可以及时的分享他们认为需要分享的知识，且这种沟通方式有助于大家共同探讨在面对面的情况下无法探讨的知识。就像在 WIKI、BLOG 等平台上聊天一样方便、自在。[①]

（2）协调知识链各成员间的关系。对于知识链而言，链媒体就像一只无形的手，协调着各成员之间的关系。链媒体上的任何信息，不论是否意识到，都在无形中建构和调整着成员间的各种关系。就连链媒体上个体间的与工作无关的闲谈，也会在一定程度上影响着这些关系。

（3）打造知识共享文化。要想让知识链中成员间的知识共享顺利进行，这就需要一种文化的推动，而链媒体恰恰有助于打造这种共享

---

① 吴虹. 超媒体技术在 E-learning 中的应用研究 ［J］. 中国教育信息化，2010（1）：73 – 75.

文化。链媒体上的所有信息，都在无形地表达着知识链的主导文化，塑造着知识链的公共价值。且这种潜移默化的文化塑造似乎更容易被人们接受。

（4）监督知识共享行为。链媒体运用其传播范围广、传播速度快等独特优势，反映个体诉求，对知识链各成员及其管理实行监督，对成员的不良行为提出批评，实现各成员的公平话语权。它具有公开性、平等性和舆论性和及时性，蕴含着正义感。更有利于约束成员组织的知识共享行为。

7.2.4 链媒体的支持技术—聚合

7.2.4.1 聚合的含义与特征

聚合（Mashup）来源于英语的复合词。Mash 的意思为捣碎，是对已有的资源重新配用，类似于捣碎后的重新混合。Mashup 最早用于流行音乐领域，指从两首不同的歌曲中截取而构成一首新歌。在知识链链媒体中，聚合的内涵在于整合来自参与知识链的不同个体的知识、信息、观点和感受，把分散的资源、要素集成在链媒体中，并提供创新的、有序的、利于查找与学习的内容和信息的一个信息系统。①

聚合具有以下特征：

（1）收集整理性。聚合技术将来自众多个体的知识和信息加以收集、整理、融合，以便产生更大的价值。聚合不等于简单的叠加，而是对知识作了深度的处理，从而更有利于共享者使用。

（2）人机结合性。聚合技术将参与知识共享的人和计算机有效地结合起来。它不仅提高了知识共享的效率，也提高了个体能力增长的速度。

---

① 王平，张际平. Mashup 聚合技术与网络学习 [J]. 电化教育研究，2008（3）：63 - 66.

（3）高度互动性。聚合技术将众多的个体与计算机结合在一起，他们高效互动。聚合技术可以及时地为个体提供自己所需要的知识，并能快速地将个体的知识发布在共享平台上，以便个体间高效互动。

7.2.4.2　聚合的组成

在知识链知识共享中，聚合主要由知识提供者、聚合站点和客户端三个要素组成。

（1）知识提供者。知识提供者是指参与知识链知识共享的所有个体。为了方便知识的共享，每一个个体都将自己所掌握的知识逐渐发送给聚合站点，同时他们也期待从聚合站点获得自己所需要的知识。

（2）聚合站点。聚合站点是核心要素，主要指的是为聚合提供支持的各种技术和硬件设备。

（3）客户端。客户端是指参与知识链知识共享的所有个体及其使用的计算机及网络。客户端将加工处理后的知识通过图像、文字、视频等形式展现给个体。

7.3　本章小结

本章给出了知识链风险监控的两大措施，即监控—惩罚措施和基于链媒体的知识链风险监控措施。其中，基于链媒体的知识链风险监控措施具有自我监控的功能，有时并不需要知识链管理团队的介入，是一种较为有效的风险监控措施。但需要注意的是，该措施的成功实施必须有相应的文化环境和相关技术的支持。

8

结论与启示

8.1 结　　论

本书旨在对知识链风险管理进行理论和实践两个方面的研究。首先，本书给出了知识链风险管理的概念并对知识链中可能存在的各种风险进行了详细而深入的分析，为风险的评估与处置做了铺垫。其次，应用组合评价方法，对知识链中各种风险的重要性作了定量评估，其中组合评价方法中创新应用了"风险矩阵法""SPSS 中多响应变量分析法""Borda 序值法"和"问卷调查法"，得出各种风险对知识链的相对重要性排序，以便为知识链风险处置提供依据。再次，本书从九个方面对知识链风险控制做了研究，这九个方面的风险控制措施形成了一个完整的风险控制系统，能够有效地降低知识链风险。最后，对知识链风险监控做了一定的分析。通过研究，本书主要得出以下结论：

（1）知识链是一种复杂的合作组织，风险是其固有的一种属性。必须对知识链风险进行有效的管理，才有可能实现知识链中知识的转移、共享与创造，才有可能保证知识链的成功运作。

（2）针对目前对于知识链风险管理的研究较少，特别是对知识链风险管理的全面、系统的研究几乎为零，本书从知识链风险识别、风险评估、风险处置和风险监控四个方面入手，建立了一套完整的知识链风险管理体系。

（3）知识链风险众多。本书通过综合运用德尔菲法、流程图法、风险统计记录法、问卷调查法相结合的综合风险识别方法，挖掘出了知识链中可能存在的众多风险，并对他们做了一一阐述。

（4）本书给出了知识链风险的量化评估方法。本书通过创新性的应用组合评价法，对知识链中各种风险的重要性作定量评估。在这一组合评价法中，首先用专家调查法获得对各种风险发生的概率及其发生后对知识链造成损失大小的原始数据；其次，用 SPSS 统计分析法对这些数据进行处理，以便使它们能更好地反映实际情况；再次，通过得出的各种风险发生的概率及其发生的损失计算出它们分别对知识链的影响程度；最后，用 Borda 序值法对影响程度进行处理，得出各种风险对知识链的相对重要性排序，以为知识链风险处置提供依据。

（5）知识链风险控制需要一系列的定性和定量措施。本书对知识链风险的处置作了系统的研究。知识链风险处置包括风险规避、风险自留、风险控制和风险转移四种策略，其中风险控制是研究的重点。本书主要从九个方面对知识链风险控制进行研究：①基于"独立—集成管理厅"的知识链管理机构设置；②基于物元分析的知识链合作伙伴选择；③基于 n 重贝努力实验的知识链合作伙伴数量控制；④基于串、并联的知识链组织结构设计；⑤基于博弈论的知识链知识共享协议设计；⑥基于极大熵准则的知识链成员组织知识共享行为预估；⑦基于关键路径法的知识链风险管理重点确定；⑧基于交叉影响分析法的知识链成员利益分配；⑨基于全面风险管理理念的知识链风险管理。这九个方面的风险控制措施形成了一个完整的风险控制系统，能够有效地降低知识链风险。

（6）知识链风险监控较为困难。本书提出了基于"链媒体"和

"聚合技术"的知识链风险监控平台。这一平台大大提高了知识链成员组织参与风险监控的主动性和方便性，提高了风险监控的效果。

本书的创新点主要有：

（1）指出了知识链固有的方向性，并结合这一特性，设计了"多重关键路径叠加法"。从而确定对知识链产生重大影响的成员组织，确定知识链风险控制的核心对象。

（2）提出了对评估中原始数据进行优化的理念，构造了提高原始数据客观性的专家调查法。在专家调查法中，由于不同专家所拥有的知识和其他背景的差异，他们对某一问题的首判往往会存在较大的不确定性。本书设计了"n思加权法"来收集原始数据，再利用 SPSS 工具对原始数据进行处理，使得评估结论更加真实、可靠。

（3）通过增加辅助单元和辅助关系，构建了工整的"串—并联"和"并—串联"知识链模型，并结合有关串联和并联的相关知识，指出为降低知识链风险，"并—串联"结构比"串—并联"结构更可取。

（4）首次提出了"独立—集成管理厅"的概念和"链媒体"的概念，其中"独立—集成管理厅"是知识链的风险管理机构，"链媒体"是知识链的风险监督平台。

（5）全面构建了知识链风险管理体系。论文分别从知识链风险识别、风险评估、风险处置和风险监控四个方面对知识链风险管理作了系统的研究。提出了知识链从构建到解散全过程的九大风险控制措施，给出了两种具体的风险监控方法。

8.2 研究不足与展望

本书尚存在需要继续研究的方面，主要是：

（1）由于可直接参考的资料的稀缺，一些理论的研究和分析不够深入，有待于进一步完善。

（2）方案设计方面的研究略显薄弱，其可行性有待于实践的进一步检验，有关的数据有待于进一步考证。

（3）实证研究较少，假设较多，还有待于进一步深入知识链内部，采集相应的实际数据，进行较多的实证研究。

本书针对知识链风险控制所提出的措施都是全新的理论和方案，他们的涉及面广、适应性强、优越性明显，完全有必要对其进行更加深入、更加广泛的研究。笔者也相信会有更多的研究者投入到这些理论与方案的研究中去。

参 考 文 献

［1］Kogut B. Joint ventures：Theoretical and empirical perspectives ［J］. Strategic Management Journal，1988（9）：319－332.

［2］Richard A. Spinello. The Knowledge Chain ［J］. Business Horizons，1998，（11）：4－14.

［3］顾新，李久平，王维成. 知识流动、知识链与知识链管理 ［J］. 软科学，2006，20（2）：10－12，16.

［4］周旭，陈国华，王妍. 供应链联盟合作效率与推进策略研究 ［J］. 经济论坛，2007（8）：89－92.

［5］Dacin M T，Mahitt，Levitas. Selecting Partners for Successful International Alliance ［J］. Journal of World Business，1997，32（1）：321－345.

［6］D Littler，F Leverick，M Bruce. Factors Affecting the Process of Collaborative Product Development ［J］. Journal of Product Innovation Management，1995，12（1）16－31.

［7］易海燕. 供应链风险管理与控制研究 ［D］. 西安：西安交通大学，2004.

［8］郭伟. 基于 SCOR 的汽车供应链风险识别模型实证研究 ［D］. 杭州：浙江大学，2008.

［9］马林. 基于 SCOR 模型的供应链风险识别、评估与一体化管理研究 ［D］. 杭州：浙江大学，2005.

［10］曹文钊. 跨国公司在华 R&D 项目风险管理研究 ［D］. 长沙：国防科技大学，2007.

［11］黄震海．供应链文化风险的定义、特征、消极影响与防范［J］．改革与战略，2010，26（1）：55－57.

［12］朱启超，陈英武，匡兴华．复杂项目界面风险管理模型研究［J］．科研管理，2005，26（6）：149－156.

［13］王晓燕．EWRM 体系的应用及其对我国企业风险管理的启示［J］．商业经济，2006（1）：11－2.

［14］高善生，唐青生．对企业构建风险领先为核心的战略风险管理模式的探讨［J］．云南财贸学院学报，2006，22（1）：9－13.

［15］卢新元，张金隆，陈涛．企业信息化及风险管理实证分析与研究［J］．科研管理，2006，27（5）：77－86.

［16］刘超，付金梅．电子银行风险管理过程：中国与欧美国家比较分析的视角［J］．生产力研究，2009（22）：161－163.

［17］杨萍，杨美红，郭莹，王筠．中小软件企业项目风险管理过程的分析与研究［J］．计算机与数字工程，2009（3）：97－100.

［18］陈涛，千峰．浅析从定性到定量进行风险管理的步骤［J］．商业研究，2005（320）：18－21.

［19］胡宣达，沈厚才．风险管理学基础——数理方法［M］．南京：东南大学出版社，2001.

［20］高峰，陈英武．工业研发项目的一体化持续风险管理方法［J］．工业工程，2006，9（1）：5－8.

［21］党夏宁．供应链风险因素的分析与防范［J］．管理现代化，2003（6）：45－48.

［22］张齐刚．浅谈供应链管理的风险规避问题［J］．科技与管理，2001（3）：75－76.

［23］史亮．供应链安全运营浅析［J］．商场现代化，2008（1）：201.

［24］宁钟．供应链脆弱性的影响因素及其管理原则［J］．中国流通经济，2004（4）：13－16.

［25］Cucchiella F & Gastaldi M. Risk management in supply chain：a real option approach [J]. Journal of Manufacturing Technology Management, 2006, 17 (6): 700 – 720.

[26] Gaudenzi B. Managing risks in the supply chain using the AHP method [J]. International Journal of Logistics Management, 2006, 17 (1): 114 – 136.

[27] 刘冬林，周惠. 供应链风险产生的根源及均衡模型 [J]. 武汉理工大学学报，2007，29 (4): 128 – 131.

[28] 李晓英，陈维政. 供应链风险形成机理研究 [J]. 中国流通经济，2003 (9): 10 – 13.

[29] Zsidisin G. A., Ellram L. M., and Ogden J. A.. The Relationship Between Purchasing and Supply Managements Perceived Value Perceived in Supplier Management Activities [J]. Journal of Business Logistics, 2003, 24 (2): 129 – 154.

[30] 韩东东，施国洪，马汉武. 供应链管理中的风险防范 [J]. 工业工程，2002，5 (3): 37 – 41.

[31] 丁伟东，刘凯，贺国先. 供应链风险研究 [J]. 中国安全科学学报，2003，13 (4): 64 – 66.

[32] 李辉，孙宝文. 信息技术条件下供应链商务风险及其管理 [J]. 财贸经济，2003 (10): 63 – 68.

[33] Ratnasingam P.. Perceived risks in supply chain management [J]. Journal of Internet Commerce, 2006, 5 (4): 105 – 128.

[34] 韩景丰，章建新. 供应链风险的系统性识别与控制研究 [J]. 商业研究，2006 (20): 44 – 48.

[35] 晚春东，齐二石，索君莉. 供应链风险产生根源的理论分析 [J]. 天津大学学报（社会科学版），2007，9 (6): 491 – 495.

[36] 张以彬，陈俊芳. 供应链的风险识别框架及其柔性控制策略 [J]. 工业工程与管理，2008，1: 46 – 51.

[37] 肖美丹，李从东，张瑜耿. 基于未确知模糊理论的供应链风险评估 [J]. 软科学，2007，21 (5): 27 – 30.

［38］刘俊娥，张洪亮，李少波，刘永亮．风险矩阵的供应链风险评价［J］．统计与决策，2007（4）151 – 152.

［39］耿雪霏，刘凯，王德占．供应链风险的模糊综合评价［J］．物流技术，2007，26（8）：164 – 167.

［40］杨文，杨涛，李志．供应链风险管理下供应商的选择［J］．兰州交通大学学报（自然科学版），2006，25（1）：128 – 130.

［41］杨华，汪贤裕．供应链风险系统研究［J］．软科学，2007，21（6）：15 – 18.

［42］蒋有凌，杨家其，尹靓，杨俊．基于 ANN 的供应链风险综合评估模型与应用［J］．武汉理工大学学报，2008，32（1）：70 – 73.

［43］李莉．基于模糊熵的集群式供应链风险评估模型［J］．科技管理研究，2008（6）：485 – 487.

［44］张进发．FMECA 方法在供应链风险管理中的应用研究．物流技术，2009，28（3）：117 – 118.

［45］Hallikas J., Karvonenb I., pulkkinenb U., Virolainen V. M.. Risk management processes in supplier networks［J］. Production Economics，2004，（90）：47 – 50.

［46］Smeltzer L. R., Siferd S. P., Proactive Supply Management：The Management of Risk，International Journal of Purchasing and Material Management［J］. 1998，34（1）：38 – 45.

［47］Agrawal V., Seshadri S.. Risk Intermediation in Supply Chains［J］. IIE Transactions，2000，32：819 – 831.

［48］杜鹏．供应链风险及分配模型［J］．内蒙古科技与经济，2002（3）：52 – 53.

［49］朱敏茹，汪贤裕．公平熵下制造商占主导地位的利润分配研究［J］．统计与决策，2008（13）：46 – 47.

［50］肖玉明，汪贤裕．边际成本递增情况下供应链的协调研究［J］．系统工程学报，2009，24（1）：95 – 98.

[51] 汪贤裕, 肖玉明. 基于返回策略与风险分担的供应链协调分析 [J]. 管理科学学报, 2009, 12 (3): 65 – 70.

[52] 张欢, 汪贤裕. 供应链联盟中合作伙伴联盟顺序的博弈分析 [J]. 统计与决策, 2008 (22): 46 – 48.

[53] Johnson, M., E.. Learning form toys: lessons in managing supply chain risk from the toy Industry [J]. California Management Review, 2001 (9): 45 – 49.

[54] 楚扬杰, 王先甲, 方德斌, 吴秀君. 供应链风险预警与防范机制研究 [J]. 科技与管理, 2006 (4): 65 – 66.

[55] 马丽, 张光明, 李平. 供应链风险的传递机制与传递路径研究 [J]. 科技情报开发与经济, 2007, 17 (31): 8 – 9.

[56] 程国平, 刘勤. 供应链风险传导路径变化研究 [J]. 价值工程, 2009 (4): 1 – 3.

[57] 李莉, 徐君, 彭其渊. 集群式供应链风险系统的设计及控制机理研究 [J]. 科技管理研究, 2008 (1): 245 – 247.

[58] 许志端. 供应链战略联盟中的风险因素分析 [J]. 科研管理, 2003, 24 (4): 127 – 132.

[59] Jin MH, Wang YW, Chi Z. Research on establishment of construction supply chain risk management system [A]. Proceedings of 2007 International Conference on Construction and Real Estate Management, 2007 (1): 747 – 750.

[60] 赖茇宇, 蒋靖, 郑建国. 供应链风险控制策略 [J]. 东华大学学报 (社会科学版), 2008, 8 (1): 10 – 14.

[61] 刘伯超. 供应链风险特征与防范措施分析 [J]. 商场现代化, 2009 (1): 83 – 84.

[62] Rosenbaum B.. The Technology-enabled Supply Chain Network [J]. Industrial Management. 2001, 43 (6): 6 – 10.

[63] Jaafari A., Management of risk, uncertainties and opportunities on projects: time for a fundamental shift [J]. International Journal of Pro-

ject Management，2001，19（2）：89 – 97.

［64］宁钟，戴俊俊．期权在供应链风险管理中的应用［J］．系统工程理论与实践，2005，（7）：49 – 54.

［65］赖苡宇，郑建．供应链风险量化分析与优化控制［J］．东北大学学报（自然科学版），2007，33（2）：158 – 162.

［66］胡玉涛．供应链风险预警体系研究［D］．武汉：武汉理工大学，2004.

［67］肖玉明，汪贤裕．基于熵权理论的供应链稳定性预警分析［J］．管理工程学报，2008，22（3）：57 – 63.

［68］赖苡宇，郑建国．供应链风险量化分析与优化控制［J］．东华大学学报，2007，33（2）：158 – 161.

［69］Gaonkar Roshan S.，Viswanadham N. Analytical framework for the management of risk in supply chains［J］. IEEE Transactions on Automation Science and Engineering，2007，4（2）：265 – 273.

［70］Nagurney A.，Cruz J. Supply chain networks，electronic commerce and sopplyside and demand side risk［J］. European Journal of Operational Research，2004（64）：120 – 142.

［71］Goh Mark Lim，Joseph Y. S.. A stochastic model for risk management in global supply chain networks［J］. European Journal of Operational Research，2007，182（1）：164 – 173.

［72］Gaonkar R. S.. Analytical framework for the management of risk in supply chains［J］. IEEE Transactions on Automation Science and Engineering，2007，4（2）：265 – 273.

［73］杨红芬，吕安洪，李琪．供应链管理中的信息风险及对策［J］．北京工商大学学报（社会哲学版）.2002，17（3）：44 – 47.

［74］刘庆广，施国洪．基于多 Agent 的供应链风险评价决策支持系统研究［J］．中国管理信息化，2009，12（17）：93 – 97.

［75］席元凯．基于多 Agent 的供应链风险管理［J］．物流科技，2009（3）：107 – 109.

［76］程庆章，张志清. 基于 GSCF 框架的供应链风险管理［J］. 物流工程与管理，2009，31（11）：60 - 61.

［77］唐卫宁，徐福缘. 基于 HWME 和 SCOR 的供应链风险管理［J］. 科技管理研究，2008（7）：263 - 265.

［78］刘桢云，胡振邦. 基于 SCOR 模型的供应链风险识别与评估研究［J］. 科技物流，2009（3）：110 - 113.

［79］Das T. K. Teng, Bing-Sheng. Trust, Control and Risk in Strategic Alliances: An Integrated Framework［J］. Organization Studies, 2001, 22（2）: 251 - 283.

［80］Marshall R. , Scott Nguyen, Thang V Bryant, Scott E. A dynamic model of trust development and knowledge sharing in strategic alliances［J］. Journal of General Management, 2005, 31（1）: 41 - 57.

［81］Watts Allison, Hamilton Robert. Excessive resource control and strategic alliance failure［J］. International Journal of Technology Intelligence and Planning, 2007, 3（2）: 157 - 173.

［82］Chen Fisher Chia-Yu, Chen, Chialin. The effects of strategic alliances and risk pooling on the load factors of international airline operations［J］. Transportation Research, 2003, 39（1）: 19 - 34.

［83］王学彬. 企业战略联盟风险及其防范［J］. 商丘职业技术学院学报，2004，3（1）：10 - 12.

［84］李兴国，王磊，厉珍珍. 影响知识联盟内部知识分享的要素研究［J］. 情报杂志，2005（4）：20 - 22.

［85］Khamseh H. M. , Jolly D. R. . Identifying and classifying the determinant factors of knowledge transfer in strategic alliances［J］. Technology Management for the Global Future, 2007（23）: 148 - 156.

［86］Paik Yongsun. Risk management of strategic alliances and acquisitions between western MNCs and companies in central Europe［J］. Thunderbird International Business Review, 2005, 47（4）: 489 - 511.

［87］Das, T. K, Bing-Sheng Teng. Managing risks in strategic alliances [J]. Academy of Management Executive, 1999, 13 (4): 50 – 62.

[88] Das T. K. Time-span and risk of partner opportunism in strategic alliances [J]. Journal of Managerial Psychology, 2004, 19 (8): 744 –759.

[89] 林莉. 知识联盟中知识转移的障碍因素及应对策略分析 [J]. 科技导报, 2004 (4): 28 –31.

[90] 夏敏华, 周国华, 包晓英. 基于资源观的铁路多元物流企业战略联盟风险分析与防范 [J]. 铁道运输与经济, 2006, 28 (6): 24 –26.

[91] 李昆山, 梁建英. 基于资源观的战略联盟风险及其防范 [J]. 河北经贸大学学报, 2006, 27 (3): 64 –67.

[92] 叶飞, 张红. 战略联盟的风险分析及其防范对策 [J]. 科学管理研究, 1999, (5): 65 –67.

[93] 王华. 企业战略联盟的风险及其防范 [J]. 市场周刊, 2004 (12): 15 –16.

[94] 陈一君. 企业战略联盟的风险与防范 [J]. 预测, 2003, 22 (2): 38 –41.

[95] 丁晨. 战略联盟风险识别体系及防范机制研究 [D]. 武汉: 武汉理工大学, 2005.

[96] 魏光兴. 战略联盟的风险及其对策分析 [J]. 企业经济, 2003 (12): 193 –194.

[97] 向玫. 战略联盟的风险及风险回避 [J]. 科技进步管理, 2003 (1): 60 –61.

[98] 苏晓华, 张书军, 姜晨. 资源互补型战略联盟的风险及其防范 [J]. 科研管理研究. 2005 (8): 87 –89.

[99] 陆奇岸. 企业战略联盟及其风险管理研究 [J]. 广西师范大学学报, 2006, 42 (3): 16 –19.

[100] 郭立. 中小软件企业战略联盟风险与控制 [J]. 大连海事大学学报, 2007, 6 (6): 104 –107.

[101] 李作战. 企业战略联盟的风险分析与防范措施 [J]. 交通企业管理, 2007 (7): 118 – 119.

[102] 李树河. 战略联盟的风险成因及其防范 [J]. 消费导刊, 2007 (11): 245.

[103] 杜景姝. 战略联盟风险特征及分摊 [J]. 科技经济市场, 2008 (2): 53 – 54.

[104] 李瑞琴. 跨国公司战略技术联盟稳定性的博弈分析 [J]. 财经研究. 2005, 31 (4): 103 – 112.

[105] 周菁. 论知识联盟的管理 [J]. 开发研究. 2005 (4): 128 – 130.

[106] 李高, 张成洪. 知识联盟中核心知识侵权的利益分析 [J]. 科学学与科学技术管理. 2005 (12): 70 – 74.

[107] Pantelia Niki, Sockalingam Siva. Trust and conflict within virtual inter-organizational alliances: a framework for facilitating knowledge sharing [J]. Decision Support Systems, 2005, 39 (4): 599 – 617.

[108] 陆瑾. 基于演化博弈论的知识联盟动态复杂性分析 [J]. 财经科学, 2006 (216): 54 – 61.

[109] 陆杉, 高阳. 知识联盟稳定性的博弈分析 [J]. 企业天地, 2006 (1): 148 – 149.

[110] 徐冉. 跨国战略联盟的风险及其防范 [J]. 南阳师范学院学报, 2007, 6 (4): 21 – 23.

[111] 张旭辉. 物流企业战略联盟风险及其防范研究 [J]. 物流管理, 2007 (36): 23 – 25.

[112] Das, T. K & Teng, Bing-Sheng. Relational Risk and its Personal Correlates Strategic Alliances [J]. Journal of Business & Psychology, 2001, 15 (3): 449 – 465.

[113] 刘琦, 陈琼, 韦司滢. 基于多层灰色关联度的知识联盟伙伴选择模型 [J]. 华中科技大学学报（自然科学版）, 2004, 32 (7): 54 – 56.

[114] 戢守峰. 企业战略联盟风险防范体系的架构研究 [J]. 管理学报, 2006, 3 (1): 19 – 23.

[115] Buyukozkan G., Feyzioglu O., Nebol E.. Selection of the strategic alliance partner in logistics value chain [J]. International Journal of Production Economics, 2008, 113 (1): 148 – 158.

[116] Famuyiwa Oluwafemi, Monplaisir Leslie, Nepal Bimal. An integrated fuzzy-goal-programming-based framework for selecting suppliers in strategic alliance formation [J]. International Journal of Production Economics, 2008, 113 (2): 862 – 875.

[117] Eunni Rangamohan, V. Kasuganti, Ram R. Kos, Anthony J. Knowledge Management Processes in International Business Alliances: A Review of Empirical Research [J]. International Journal of Management, 2006, 23 (1): 33 – 42.

[118] Lin Wen Bao. Factors affecting the correlation between interactive mechanism of strategic alliance and technological knowledge transfer performance [J]. Journal of High Technology Management Research, 2007, 17 (2): 139 – 155.

[119] Messing Alice. What it takes to be a virtual enterprise [J]. U. S. Distribution Journal, 1993, 220 (10): 38 – 39.

[120] Rolstadas Ashbjorn. Editorial Virtual enterprise [J]. Production Planning & Control, 1994, 5 (3): 239.

[121] Higgs John. Delivering the virtual enterprise network [J]. Telecom Asia, 1997, 8 (7): 44 – 46.

[122] Chen Anne. Perot's VPN path to the virtual enterprise [J]. PC Week, 1999, 16 (33): 70.

[123] Zhou Q, Besant C. B.. Information management in production planning for a virtual enterprise [J]. International Journal of Production Research, 1999, 37 (1): 207 – 218.

[124] Lau Henry C. W, Wong Eric T. T.. Partner selection and infor-

mation infrastructure of a virtual enterprise network ［J］. International Journal of Computer Integrated Manufacturing, 2001, 14 (2): 186 – 193.

［125］张青山, 郑国用, 赵忠华. 虚拟企业的风险分析模型［J］. 工业技术经济, 2001 (1): 37 – 38.

［126］游达明, 彭伟. 虚拟企业的风险控制［J］. 湖南经济管理干部学院学报, 2003, 14 (4): 30 – 31.

［127］王明舜, 李耀臻. 虚拟企业风险形成机理研究［J］. 山东理工大学学报, 2004, 20 (6): 54 – 57.

［128］陈友林. 基于状态空间法的虚拟企业风险识别［J］. 科技经济市场, 2009 (5): 3 – 4.

［129］孟凡波. 敏捷虚拟企业的风险衡量［J］. 商业研究, 2004 (10): 86 – 87.

［130］李志敏, 杜纲, 李喆. 基于生命周期的虚拟企业风险识别指标体系及评估模型［J］. 西安电子科技大学学报, 2006, 16 (2): 92 – 97.

［131］刘书庆, 杨帆. 开发型虚拟企业风险防范研究［J］. 科技管理研究, 2007 (6): 176 – 179.

［132］闫琨, 黎涓. 虚拟企业风险管理中模糊综合评判法的应用［J］. 工业工程, 2004, 7 (3): 40 – 43.

［133］高峰. 虚拟企业风险分担和利益分配有效性评价［J］. 商业研究, 2004 (19): 60 – 62.

［134］李磊. 基于熵权多级模糊综合评价的虚拟企业风险研究［D］. 哈尔滨: 哈尔滨理工大学, 2005.

［135］修国义, 齐攀. 基于物元分析的虚拟企业风险评估模型［J］. 管理现代化, 2007 (3): 47 – 49.

［136］姜旺, 魏晓平. 基于AHP法的虚拟企业风险评价实证分析［J］. 工业技术经济, 2007, 26 (9): 63 – 67.

［137］卢福强, 黄敏, 王兴伟. 基于随机规划和遗传算法的虚拟企业风险管理［J］. 东北大学学报 (自然科学版), 2009, 3 (9):

1241 – 1244.

［138］高长远, 王晓明. 高技术虚拟企业风险结构解析模型研究 ［J］. 科技与管理, 2009, 11 (2): 15 – 18.

［139］姜波, 徐克林, 赵晓莉. 工程物流虚拟企业风险的灰色评估 ［J］. 研究与开发, 2009, 31 (7): 1 – 3.

［140］蒋杨永, 蒋建华. 基于 BP 神经网络的虚拟企业风险评价研究 ［J］. 计算机仿真, 2009, 26 (12): 261 – 264.

［141］Wu Naiqi, Sun Jian. Grouping the activities in virtual enterprise paradigm ［J］. Production Planning & Control, 2002, 13 (4): 407 – 415.

［142］Ip, W. H. Genetic algorithm solution for a risk-based partner selection problem in a virtual enterprise ［J］. Computers & Operations Research, 2003, 30 (2): 213 – 241.

［143］Jermol Mitja. Managing business intelligence in a virtual enterprise: A case study and knowledge management lessons learned ［J］. Journal of Intelligent & Fuzzy Systems, 2003, 14 (3): 121 – 136.

［144］H. C. W. Lau. Quality management framework for a virtual enterprise network: a multi-agent approach ［J］. Managing Service Quality, 2003, 13 (4): 300 – 309.

［145］Martins, Angelo. Quality management and certification in the virtual enterprise ［J］. International Journal of Computer Integrated Manufacturing, 2004, 17 (3): 212 – 223.

［146］黄敏, 吴学静, 王兴伟. 电子商务下基于蚂蚁系统的虚拟企业风险规划问题 ［J］. 计算机集成制造系统, 2005, 11 (10): 1456 – 1460.

［147］Ouzizi, Latifa. A model for cooperative planning within a virtual enterprise ［J］. International Journal of Computer Integrated Manufacturing, 2006, 19 (3): 197 – 209.

［148］Huang Biqing. A framework for virtual enterprise control with the holonic manufacturing paradigm [J]. Computers in Industry, 2002, 49 (3): 299 – 310.

[149] Robb Drew. The Virtual Enterprise: How Companies Use Technology to Stay in Control of a Virtual Supply Chain [J]. Information Strategy: The Executive's Journal, 2003, 19 (4): 6 – 11.

[150] Mo J. P. T, Zhou M. Tools and methods for managing intangible assets of virtual enterprise [J]. Computers in Industry, 2003, 51 (2): 197 – 210.

[151] 叶飞, 孙东川. 面向生命周期的虚拟企业风险管理研究 [J]. 科学学与科学技术管理, 2004, (11): 130 – 133.

[152] 王明舜. 虚拟企业的风险管理研究 [D]. 青岛: 中国海洋大学, 2005.

[153] 邵文武, 夏恩君, 任培民. 虚拟企业的风险控制研究 [J]. 企业管理, 2006 (7): 235 – 236.

[154] 高晚欣, 刘希宋. 虚拟企业风险研究 [J]. 哈尔滨工程大学学报, 2004, 25 (1): 118 – 123.

[155] 朱玉岭, 陈菊红, 赵培勇. 敏捷虚拟企业知识共享风险分析 [J]. 情报杂志, 2006 (3): 43 – 48.

[156] 黄瑞华, 苏世彬. 合作创新中隐性知识转移引发的商业秘密风险主要影响因素分析 [J]. 科研管理, 2008, 29 (1): 74 – 79.

[157] 马亚男, 李慧. 知识联盟组织间知识共享不足风险形成过程研究 [J]. 科学学与科学技术管理, 2008 (1): 93 – 97.

[158] 陶蕾, 刘益. 知识联盟中企业间信任对知识共享的影响研究 [J]. 情报杂志, 2008 (2): 73 – 75.

[159] 石书玲. 知识联盟中共有知识分享与私有知识保护影响因素研究 [J]. 科学学研究, 2009, 26 (2): 416 – 420.

[160] 张雪, 张庆普. 基于可拓方法的合作创新知识转移主体的风险分析与评价 [J]. 中国管理科学, 2007 (15): 671 – 675.

[161] 翟运开, 董芹芹. 基于合作创新的知识转移过程中的风险

分析 [J]. 武汉理工大学学报（信息与管理工程版），2007，29（3）：76－79.

[162] 李纲，刘益. 合作创新中知识转移的风险与对策研究 [J]. 科学学与科学技术管理，2007（10）：107－110.

[163] 胡厚宝，彭灿. 知识联盟中的知识转移障碍与对策 [J]. 科技进步与对策，2007，24（3）：136－138.

[164] 李志刚. 合作联盟知识共享的行为模型及风险控制 [J]. 科技管理研究，2008（4）：253－256.

[165] 方永恒，瞿伟. 基于模糊神经网络的虚拟企业知识共享风险预警研究 [J]. 科技与管理，2006（3）：53－55.

[166] 苏世彬，黄瑞华. 基于风险矩阵的合作创新隐性知识转移风险分析与评估 [J]. 科研管理，2007，28（2）：27－35.

[167] 顾新，郭耀煌，李久平. 社会资本及其在知识链中的作用 [J]. 科研管理，2003，24（5）：44－48.

[168] 徐建锁，王正欧. 基于知识链和 DEA 方法的管理策略研究 [J]. 情报科学，2003，21（7）：688－690，706.

[169] 马国强，张诚，张成洪. 知识联盟动态发展的结构性影响因素研究 [J]. 科学学与科学技术管理，2007（2）：158－165.

[170] 石书玲. 知识联盟显性利益分配的一个有效近似解法 [J]. 统计与决策，2008（15）：153－155.

[171] 吴小叶. 从知识含义理解视角的变化看教学评价改革 [J]. 四川教育学院学报，2007，23（4）：15－17.

[172] 曹文彪. 知识与作为习惯的文化：含义与区别 [J]. 中共浙江省委党校学报，2007（3）：64－70.

[173] 陶冶，鲁若愚. 企业知识流动浅析 [J]. 成都信息工程学院学报，2002，17（3）：213－217.

[174] 顾新. 知识链管理——基于生命周期的组织之间知识链管理研究 [D]. 成都：西南交通大学，2004.

[175] 方凌云. 企业之间知识流动的方式及其测度研究 [J]. 科

研管理, 2001, 22 (1): 74 – 78, 44.

[176] SUSAN K. McEVILY, BALA CHAKRAVARTHY. The Persistence of Knowledge Based Advance: an Empirical Test for Product Performance and Technological Knowledge [J]. Strategic Management Journal, 2002 (3): 285 – 305.

[177] 胡晓灵, 张红. 知识管理: 内涵、对象与实现途径 [J]. 企业经济, 2002 (6): 85 – 86.

[178] 顾新, 李久平, 王维成. 知识流动、知识链与知识链管理 [J]. 软科学, 2006, 20 (2): 10 – 12.

[179] 常荔, 邹珊刚, 李顺才. 基于知识链的知识扩散影响因素研究 [J]. 科研管理, 2001, 22 (5): 122 – 127.

[180] 任伶. 基于知识管理的企业间合作创新研究 [D]. 吉林: 吉林大学, 2009.

[181] 谷力勇. 基于技术战略联盟的合作 R&D 机制研究 [D]. 秦皇岛: 燕山大学, 2007.

[182] 肖小勇. 基于企业网络的组织间知识转移研究 [D]. 长沙: 中南大学, 2005.

[183] 汤中彬. 管理咨询服务的知识转移和知识整合模式研究 [D]. 吉林: 吉林大学, 2008.

[184] 周敏. 跨组织知识管理理论与方法研究 [D]. 武汉: 武汉理工大学, 2006.

[185] 邓灵斌. 社会关系视角下的知识转移策略研究 [D]. 武汉: 武汉大学, 2008.

[186] 蔺丰奇, 刘益. 知识联盟的不稳定性及对策分析 [J]. 科学管理研究, 2007, 25 (1): 57 – 60.

[187] 程国平, 邱映贵. 供应链风险传导模式研究 [J]. 武汉理工大学学报, 2009 (4): 36 – 41.

[188] 余海. 复杂系统风险管理探索式研究 [D]. 成都: 西南交通大学, 2008.

［189］顾孟迪，雷鹏．风险管理［M］．北京：清华大学出版社，2005．

［190］陈阳．产品创新项目风险评估方法及应用研究［D］．长沙：国防科技大学，2007．

［191］李海涛．IT 项目风险管理［D］．青岛：中国海洋大学，2007．

［192］孔敏．大型建设工程项目的风险分析和控制［D］．青岛：山东大学，2005．

［193］John Raftery 著，李清立译．项目管理风险分析［M］．北京：机械工业出版社，2003．

［194］汪应洛．系统工程理论、方法与应用［M］．北京：高等教育出版社，1998．

［195］齐攀．基于熵权物元的虚拟企业风险管理研究［D］．哈尔滨：哈尔滨理工大学，2008．

［196］Triesehmann J. S. , Gustavson S. G. , Hoyt R. E. . Risk Management and Insurance［J］．Thomson Learning，2001（9）：89 – 95．

［197］张汝良．敏感因素分析法在滑坡工程中的应用［J］．中国水运，2007，5（10）：83 – 84．

［198］胡金环，周启蕾．供应链风险管理探讨［J］．价值工程，2005，（3）：36 – 39．

［199］李小宁．EPC 工程总承包全过程项目控制［J］．国际经济合作，2000（6）：41 – 46．

［200］连惠萍，孙其龙，学寸民．国际承包 EPC 合同模式应用分析［J］．黄河水利职技术学院，2004（1）：45 – 46．

［201］李欢．供应链风险研究［D］．成都：电子科技大学，2005．

［202］王晓群．风险管理［M］．上海：上海财经大学出版社，2003．

［203］杨树峰．工程建设项目风险监控的意义和方法研究［J］．

黑龙江科技信息，2009（8）：245.

[204] 王更新. 乳品企业风险识别方法探析［J］. 中国乳业，2007（6）：25 - 27.

[205] 叶飞，张红. 战略联盟的风险及其防范对策［J］. 科学管理研究，1999，17（5）：30 - 35.

[206] Susank Mcevily, Bala Chakravarthy. The Persistence of Knowledge Based Advance: an Empirical Test for Product Performance and Technological Knowledge［J］. Strategic Management Journal, 2002（2）：285 - 305.

[207] 祁红梅，黄瑞华，彭晓春. 基于合作创新的知识产权冲突道德风险分析［J］. 科学管理研究，2005，23（1）：16 - 19.

[208] 焦芳敏，蒙少东. 供应链风险的识别与度量体系［J］. 物流科技，2006，29（130）：135 - 139.

[209] 姚军. 供应链的风险及其防范［J］. 辽宁师范大学学报（自然科学版），2003，26（4）：62 - 64.

[210] Johnson, M., E., learning form toys: lessons in managing supply chain risk from the toy Industry［J］. California Management Review, 2001,（7）：145 - 146.

[211] 王克研. 我国企业风险识别［J］. 经济理论研究，2007（1）：79 - 80.

[212] Zhou Q., Besant C. B. Information management in production planning for a virtual enterprise［J］. International Journal of Production Research, 1999, 37（1）：207 - 218.

[213] Ouzizi Latifa. A model for cooperative planning within a virtual enterprise［J］. International Journal of Computer Integrated Manufacturing, 2006, 19（3）：197 - 209.

[214] 单汨源，冯晓研. 决策者效用对供应链风险管理的影响研究［J］. 现代管理科学，2005，（12）：6 - 8.

[215] 党兴华，黄正超，赵巧艳. 基于风险矩阵的风险投资项目

风险评估 [J]. 科技进步与对策, 2006 (1): 140-143.

[216] 朱启超, 匡兴华, 沈永平. 风险矩阵方法与应用述评 [J]. 中国工程科学, 2003, 5 (1): 89-94.

[217] 苏世彬, 黄瑞华. 基于风险矩阵的合作创新隐性知识转移风险分析与评估 [J]. 科研管理, 2007, 28 (2): 27-34.

[218] 卢纹岱. SPSS11 for Windows 统计分析 [M]. 北京: 电子工业出版社, 2006: 579-588.

[219] 许晓东, 吴松, 路小刚. 简单多数票法和 Borda 法的防策略性分析 [J]. 华中科技大学学报 (自然科学版), 2005, 33 (11): 86-89.

[220] 王晓敏, 胡毓达. 群体决策的模糊 Borda 数规则 [J]. 系统工程理论方法应用, 2003, 12 (1): 14-19.

[221] 夏胜权. 基于综合集成研讨厅的工程项目集成风险管理研究 [J]. 科技信息, 2009 (25): 434-435.

[222] 徐聪. 论综合集成研讨厅 [J]. 合作经济与科技, 2008 (9): 104-105.

[223] 余景元. 钱学森综合集成体系. http://www.kcpmit.com.cn/n133c7.aspx.

[224] Paik Yongsun. Risk management of strategic alliances and acquisitions between western MNCs and companies in central Europe [J]. Thunderbird International Business Review, 2005, 47 (4): 489-511.

[225] 单汩源, 冯晓研. 决策者效用对供应链风险管理的影响研究 [J]. 现代管理科学, 2005, (12): 6-8.

[226] 修国义, 齐攀. 基于物元分析的虚拟企业风险分析 [J]. 管理现代化, 2007 (3): 47-49.

[227] 刘芳. 物元分析在决策领域的应用 [J]. 安庆师范学院学报, 1999, 5 (2): 40-43.

[228] 同济大学概率统计教研组. 概率统计 [M]. 上海: 同济大学出版社, 2000: 23-30.

[229] 袁荫棠. 概率论与数理统计 [M]. 北京: 中国人民大学出版社, 1989: 78 - 80.

[230] 周誓达. 概率论与数理统计 [M]. 北京: 中国人民大学出版社, 2000: 140 - 153.

[231] 张有芳, 黄柏琴. 工程数学 [M]. 浙江: 浙江大学出版社, 1993: 144.

[232] 万杰, 陈洪建, 李敏强. 供应链组织结构与牛鞭效应 [J]. 经济经纬, 2004 (5): 59 - 62.

[233] 林怡青, 陈玮, 郑时雄, 毛宗源. 一类动态联盟组织的结构及运行保障 [J]. 控制理论与应用, 2004, 21 (3): 463 - 466.

[234] 罗涛. 基于联邦式的整车物流联盟的组织结构模型 [J]. 集体经济, 2009 (4): 34 - 45.

[235] 居滋培. 可靠性工程 [M]. 北京: 原子能出版社, 2000: 10 - 17.

[236] 高社生, 张玲霞. 可靠性理论与工程应用 [M]. 北京: 国防工业出版社, 2002: 8 - 58.

[237] Claudia Loebecke, Paul C Van Fenema, Philip Powell. Co-opetition and knowledge transfer [J]. Database for Advances in Information Systems, 1999, 30 (2): 14 - 25.

[238] 段世霞. 重复博弈下的企业合作行为 [J]. 特区经济, 2007 (6): 272 - 273.

[239] 王燕, 唐德善. 一类赊销合约的设计研究 [J]. 中国教育经济与管理, 2005 (1): 88 - 89.

[240] 王燕, 杨文瀚, 唐德善. 供应链企业信息共享的博弈分析与对策 [J]. 商业研究, 2005 (19): 41 - 42.

[241] Wayne L. Wlnston. Operations Research Decision Making [M]. 北京: 清华大学出版社, 2004: 42 - 53.

[242] 胡运权. 运筹学基础及应用 [M]. 哈尔滨: 哈尔滨工业大学出版社, 1998: 119 - 136.

［243］汤代炎等. 运筹学 ［M］. 长沙：中南大学出版社，2002：147－180.

［244］董贵滨，任海波，于渤. 基于关键路径方法的战略联盟风险分析 ［J］. 高技术通讯，2005（5）：40－45.

［245］H·克雷格·彼得森，W·克里斯·刘易斯. 管理经济学 ［M］. 北京：中国人民大学出版社，1998：281－287.

［246］Neyman A，Okada D. Repeated Games with Bounded Entropy ［J］. Games and Economic Behavior，2000，（3）：228－247.

［247］Kapur J N，Kesavan H K. Entropy Optimization Principles with Applications ［M］. London：Academic Press，1992：98－101.

［248］谢辉. 组织隐性知识整合及扩散机制研究 ［D］. 长沙：中南大学，2005.

［249］何大义，邱菀华. 纳什均衡策略的极大熵估计方法 ［J］. 北京航空航天大学学报（社会科学版），2004（4）：56－59.

［250］刘娟. 高校知识共享可能性的博弈分析 ［J］. 学海，2007（3）：156－161.

［251］姜殿玉，张盛开，丁德文. 极大熵准则下 n 人非合作条件博弈的期望 Nash 均衡 ［J］. 系统工程，2005，23（11）：108－111.

［252］胡耀辉，刘一宁. 技术创新联盟中联盟利益分配机制的研究 ［J］. 江苏商论，2007（2）：135－136.

［253］陈晓. Partnering 模式中伙伴收益分配比例的确定 ［J］. 价值工程，2006（10）：114－116.

［254］王连青. 动态联盟企业的利益分配及模式研究 ［J］. 集团经济研究，2006（7）：13.

［255］张侨，郭宏湘. 供应链供需双方利益风险分配方法 ［J］. 价值工程，2004（6）：46－49.

［256］马晓燕. 带概率三角模糊数互补判断矩阵的一种简化排序方法 ［J］. 山东农业大学学报（自然科学版），2003，34（4）：565－567.

［257］Li Bing A., AkintoyeP. J., Edwards C. Hardcaste. The allocation of risk in PPP/FPI construction projects in the UK ［J］. International Journal of project management, 2005, （23）: 115 – 119.

［258］白洋. 全面风险管理——国际银行业风险管理新趋势 ［D］. 吉林: 吉林大学, 2005.

［259］http: //wiki. mbalib. com/wiki/% E5% 85% A8% E9% 9D% A2% E8% B4% A8% E9% 87% 8F% E7% AE% A1% E7% 90% 86.

［260］http: //baike. baidu. com/view/47270. htm? fr = ala0_ 1.

［261］张红兵. 虚拟企业中知识转移研究 ［D］. 天津: 天津大学, 2007.

［262］林燕灵. 社会媒体就是新型媒体 ［J］. 广东经济观察, 2008 （11）: 96 – 97.

［263］姜方珍. 浅谈企业媒体的舆论监督 ［J］. 淮南职业技术学院学报, 2009, 9 （3）: 117 – 119.

［264］吴虹. 超媒体技术在 E-learning 中的应用研究 ［J］. 中国教育信息化, 2010 （1）: 73 – 75.

［265］王平, 张际平. Mashup 聚合技术与网络学习 ［J］. 电化教育研究, 2008 （3）: 63 – 66.

［266］Waters D. Supply chain risk management: vulnerability and resilience in logistics ［M］. London, ElK: Kogan Page Publishers, 2011.

［267］彭小龙. 基于 FM EA 的供应链风险识别和评估 ［J］. 中国市场, 2011 （2）: 94 – 96.

［268］傅亮, 赵鸿, 李蓬实. 供应链风险识别及其对策分析 ［J］. 物流技术, 2012, 31 （5）: 192 – 193.

［269］Chen J, Sohal A S, Prajogo D I. Supply chain operational risk mitigation: a collaborative approach ［J］. Intemational Journal ofProduction Research, 2013, 51 （7）: 2186 – 2199.

［270］张净. 基于关联规则挖掘的供应链风险识别 ［J］. 生产力研究, 2015 （4）: 134 – 135.

[271] 吴天魁，王波，顾基发，周晓辉. 基于贝叶斯网络的供应链险模糊综合评判 [J]. 经济数学，2014 (2)：89 - 96.

[272] 钟昌宝. 一种供应链风险评价方法——变权可拓物元法 [J]. 科技管理研究，2012 (3)：31 - 34.

[273] 顾玉磊，张圣忠，吴群琪. 基于成员企业偏好的供应链风险评估模型 [J]. 科技管理研究，2013 (2)：195 - 198.

[274] 毛太田，刘蓉. 连锁零售企业供应链风险控制策略研究 [J]. 物流工程与管理，2015，37 (1)：133 - 136.

[275] 朱丽. 基于风险控制的供应链鲁棒优化问题研究 [D]. 天津理工大学，2012.

[276] 唐雯，李志祥. 产业技术创新战略联盟风险的模糊综合评估研究 [J]. 科技管理研究，2014 (12)：80 - 84.

[277] 江琳琳. 基于 BP 神经网络的物流战略联盟风险评估研究 [J]. 科技管理研究，2011 (24)：165 - 168.

[278] 张炎亮，谭黎. 虚拟企业风险识别与评价实验研究 [J]. 物流工程与管理，2011 (2)：113 - 115.

[279] 高长元，王晓明，李红霞. 高技术虚拟企业风险的可拓物元评估模型 [J]. 哈尔滨工业大学学报，2011，16 (5)：118 - 121.

[280] 卢福强，薛岩松. 基于随机层次分析法的虚拟企业风险评价 [J]. 信息与控制，2012，41 (1)：110 - 116.

[281] 高长元，王晓明，李红霞. 高技术虚拟企业风险衡量模型 [J]. 科技进步与对策，2012，29 (3)：101 - 103.

[282] 胡园园，顾新，王涛. 基于网络层次分析法的知信任评估研究 [J]. 情报科学，2015 (12)：40 - 45.

[283] 石书玲. 知识联盟显性利益分配的一个有效近似解法 [J]. 统计与决策，2008 (15)：153 - 155.

[284] 徐建锁，王正欧. 基于知识链和 DEA 方法的管理策略研究 [J]. 情报科学，2003，21 (7)：688 - 690，706.

[285] 程敏，余艳. 基于演化博弈论的知识链组织间知识共享研

究［J］. 科技管理研究, 2011 (4): 145 - 148.

　　［286］余春兰, 顾新. 知识链组织之间的知识共享［J］. 中国科技资源导刊, 2012 (1): 46 - 53.

　　［287］张省, 顾新, 张江甫. 基于动态能力的知识链知识形成: 理论构建与实证研究［J］. 情报理论与实践, 2012 (11): 34 - 38.

　　［288］吴绍波. 知识链组织合作创新的知识互惠机制研究［J］. 中国科技论坛, 2013 (3): 109 - 111.

　　［289］张省. 知识链知识共享的信誉问题研究［J］. 科技管理研究, 2014 (22): 129 - 133.

　　［290］魏奇锋, 张晓青, 顾新. 基于模糊集与风险矩阵链组织之间知识共享风险评估［J］. 情报理论与实践, 2012 (3): 75 - 78.

　　［291］肖玲诺, 史建锋, 孙玉忠, 于瀚. 产学研知识创新联盟知识链运作的风险控制机制［J］. 中国科技论坛, 2013 (3): 115 - 120.

　　［292］程强, 顾新. 基于COSO风险管理的知识链知识转化风险防范研究［J］. 图书馆学研究, 2015 (5): 45 - 48.

　　［293］吴绍波, 顾新, 周全. 不同信息条件下知识链组织合作创新的最优激励契约研究［J］. 科学学与科学技术管理, 2012 (2): 63 - 66.

　　［294］王梓蓉. 知识链节点企业间的知识溢出过程与协同创新研究［J］. 中国科技资源导刊, 2014 (1): 69 - 75.

　　［295］施宏伟, 康新兰. 基于知识链的集群中心度与协同均衡创新激励条件研究［J］. 科技进步与对策, 2015 (16): 135 - 138.

　　［296］汤伶俐. 知识链组织合作创新的激励契约研究［J］. 知识经济, 2016 (17): 79 - 80.

　　［297］李健, 杜亮. 基于权力结构差异的知识链组织的合作契约研究［J］. 科技管理研究, 2015 (18): 197 - 200.

附录　知识链风险影响等级调查问卷

该问卷是在与被查人员面谈时由调查人员填写。（共 23 份）

被调查单位：

被调查人员岗位：

调查日期：

说明：先与被调查者探讨知识链中可能存在的风险。然后有针对性地询问各种风险的影响等级，其中风险影响等级一共分为关键、严重、一般、微小和可忽略五种，具体定义下表，请被调查者从中选择 1 ~ 3 个等级作为风险影响等级的评价结果，并对结果按被调查者同意程度由高到低排序。假如您认为"道德风险"的影响等级最可能是"关键"，其次可能是"严重"，则请您在"关键"前写①，严重前写②。

风险影响等级描述

风险影响等级	定义或说明
关键	一旦风险事件发生，将导致知识流动、共享与创造停止，知识链目标无法实现
严重	一旦风险发生，知识流动、共享与创造将大幅度延缓，甚至导致知识链目标无法实现
一般	一旦风险事件发生，知识流动、共享与创造将有所延缓，但知识链目标最终可以实现
微小	一旦风险事件发生，对知识链影响不大
可忽略	一旦风险事件发生，对知识流动、共享与创造没有影响

1. 知识链风险中有一种风险是"机遇识别风险"，请您判断其风险影响等级

○关键　　○严重　　○一般　　○微小　　○可忽略

2. 请判断"动机差异风险"对知识链可否成功运作的影响等级

○关键　　○严重　　○一般　　○微小　　○可忽略

3. 请判断"有限信息风险"对知识链可否成功运作的影响等级

○关键　　○严重　　○一般　　○微小　　○可忽略

4. 请判断"文化差异风险"对知识链可否成功运作的影响等级

○关键　　○严重　　○一般　　○微小　　○可忽略

5. 请判断"道德风险"对知识链可否成功运作的影响等级

○关键　　○严重　　○一般　　○微小　　○可忽略

6. 请判断"信任风险"对知识链可否成功运作的影响等级

○关键　　○严重　　○一般　　○微小　　○可忽略

7. 请判断"资金风险"对知识链可否成功运作的影响等级

○关键　　○严重　　○一般　　○微小　　○可忽略

8. 请判断"契约修改风险"对知识链可否成功运作的影响等级

○关键　　○严重　　○一般　　○微小　　○可忽略

9. 请判断"违约风险"对知识链可否成功运作的影响等级

○关键　　○严重　　○一般　　○微小　　○可忽略

10. 请判断"分配不均风险"对知识链可否成功运作的影响等级

○关键　　○严重　　○一般　　○微小　　○可忽略

11. 请判断"知识实时传播风险"对知识链可否成功运作的影响等级

○关键　　○严重　　○一般　　○微小　　○可忽略

12. 请判断"知识转移能力风险"对知识链可否成功运作的影响等级

○关键　　○严重　　○一般　　○微小　　○可忽略

13. 请判断"知识吸收能力风险"对知识链可否成功运作的影响等级

　　○关键　　　○严重　　　○一般　　　○微小　　　○可忽略

14. 请判断"丧失核心知识风险"对知识链可否成功运作的影响等级

　　○关键　　　○严重　　　○一般　　　○微小　　　○可忽略